KB151176

• 레슨에 나오는 신

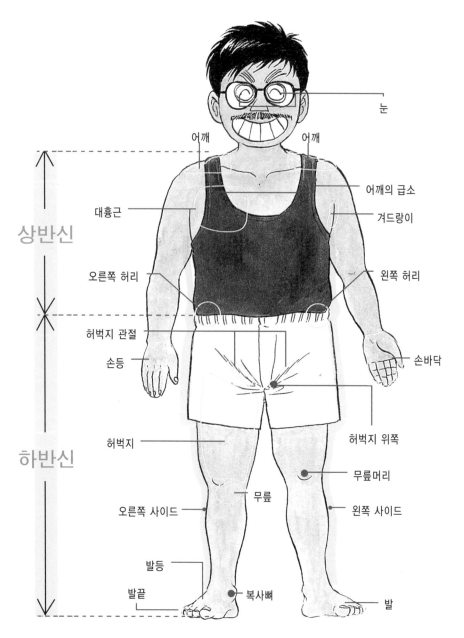

눈

어깨　　어깨

어깨의 급소

대흉근

겨드랑이

상반신

오른쪽 허리

왼쪽 허리

허벅지 관절

손등

손바닥

허벅지

허벅지 위쪽

하반신

무릎머리

무릎

오른쪽 사이드

왼쪽 사이드

발등

발끝

복사뼈

발

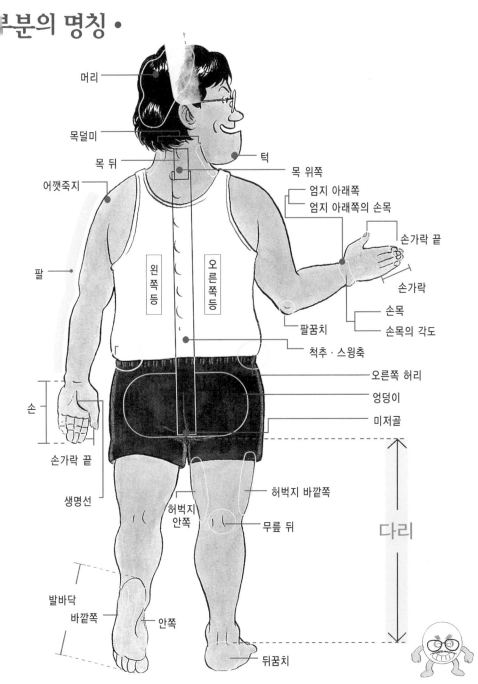

머리

목덜미

목 뒤

턱

어깻죽지

목 위쪽

엄지 아래쪽
엄지 아래쪽의 손목

손가락 끝

팔

왼쪽등

오른쪽등

손가락

손

손목
손목의 각도

팔꿈치

척추 · 스윙축

오른쪽 허리

엉덩이

미저골

손가락 끝

생명선

허벅지 바깥쪽

허벅지
안쪽

무릎 뒤

다리

발바닥

바깥쪽

안쪽

뒤꿈치

[주] 이들 표현은 레슨 용어로서 사용되는 것이며,
의학적 표현 · 부위와는 약간 다르다.

『GOLF 練習嫌いはこれを讀め!「超」基礎編』

坂田信弘 · 弘兼憲史

GOLF RENSYUGIRAI HA KORE WO YOME 「CHO」 KISOHEN
by
HIROKANE KENSI · SAKATA NOBUHIRO

Copyright ⓒ 1996 by HIROKANE KENSI · SAKATA NOBUHIRO
Original Japanese edition published by SHOGAKUKAN INC.

Korean translation rights arranged with SHOGAKUKAN INC, Tokyo
through Shin Won Agency Co., Seoul.
Korean translation rights ⓒ 1999 by Kugil Media

홍인원과 공막쳐의 싱글벙글 골프 레슨

초보자를 위한 골프 길라잡이

사카타 노부히로 · 히로카네 겐시 지음

참고 견디면 복이 온다는데……

국일 미디어

홍인원과 공막처의 싱글벙글 골프레슨 (1)

초보자를 위한 골프 길라잡이

초판 1쇄 발행 · 1999년 11월 15일
초판 19쇄 발행 · 2006년 11월 26일

지은이 · 사카타 노부히로, 히로카네 겐시
옮긴이 · 유인경
감수자 · 임경빈
펴낸이 · 이종문
펴낸곳 · (주)국일출판사

편집기획 | 김선, 장현숙, 김명효, 이재석, 류명하, 김종원
　　　　　 이원숙, 김영주, 박귀영
영업마케팅 | 김종진, 오정환, 이병옥
디자인 | 이희욱, 양지현
웹마스터 | 견진수
관리 | 최옥희, 장은미
제작 | 유수경

등록 · 제406-2004-000025호
주소 · 경기도 파주시 교하읍 문발리
　　　　 파주출판문화정보산업단지 514-6 B1
영업부 · Tel 031)955-6050 | Fax 031)955-6051
편집부 · Tel 031)955-6070 | Fax 031)955-6071

평생전화번호 · 0502-237-9101~3
홈페이지 : www.ekugil.com
E-mail : kugil@ekugil.com

ISBN 89-7425-241-4 (04690)
ISBN 89-7425-240-6 (세트)

감수사

스포츠 분야 중에서 가장 많이 쓰여진 책이 바로 골프에 관한 책들이라고 한다. 많은 스포츠가 그렇겠지만 골프라는 스포츠는 실전 연습 못지 않게 그 이론적인 바탕이 몸에 배어 있어야 하는 스포츠이기 때문이다. 그러나 그 많은 책들 가운데 바로 자신에게 알맞는 책을 골라보기란 그리 쉬운 일이 아닌 듯 싶다.

이런 상황에서 국일미디어에서 출간되는 『홍인원과 공막쳐의 싱글벙글 골프 레슨』 시리즈는 골프를 시작한 지 얼마 안 되는 초보자부터 프로에 이르기까지 누구라도 핸디를 줄일 수 있는 매력적인 책이다. 이론에서부터 실전에 이르기까지 꼭 알아야 할 부분과 쉽게 지나쳐버릴 수 있는 부분을 꼼꼼히 짚어주고 있기 때문이다.

이 책은 '왜 백날 연습을 해도 늘지 않을까' 라는 의문을 가진 독자들을 위해 만들어진 책으로 그 문제 진단과 제안을 담고 있다. 그래서 대부분의 골퍼들이 실전에서 고민하게 되는 기본 스윙에서부터 퍼팅, 칩핑, 피칭의 문제점들은 기실 언이븐 라이(Uneven Lie: 두 발의 높이가 다를 때, 볼보다 발의 위치가 높거나 낮을 때)에서 시작된다는 것을 다시 한번 깨닫게 될 것이다. 그리고 아마추어들을 공포로 몰아넣는 벙커샷 탈출 요령, 비거리를 낼 수 있는 스윙법 등을 주인공 홍인원과 공막쳐 씨의 대화 속에서 재미있게 배울 수 있을 것이다.

지금으로부터 20여 년 전, 내가 미국에서 골프를 처음 시작했을 때 단기간에 싱글이 될 수 있었던 이유는 수많은 골프 레슨서를 열심히 반복하여 읽으면서 연습했기 때문이었다. 이런 사실을 상기해 볼 때 실력이 늘지 않아 헤매고 있는 초보자들에게 이 책은 커다란 희망이 되지 않을까 싶다.

다른 어떤 골프책보다 골프 실력을 향상시킬 수 있는 정답들이 이 책에 숨겨져 있다. 책을 펼치는 순간부터 과정 하나하나를 마스터하고 간다는 마음가짐으로 차근차근 읽다보면 어느새 당신도 프로골퍼의 수준에 도달해 있으리라는 걸 의심치 않는다.

임경빈

연습이 싫다, 내 식대로 하겠다, 연습은 하면 할수록 나쁜 버릇만 붙는다. 이런 온갖 변명이 공막쳐 씨에게는 있었다는데. 볼이 날기만 하면 휘어버리고 1라운드에 OB 14발이라는 기록을 가진 사람. 바로 그가 홍인원 프로와 만난 것은 1992년 마스터즈에서였다.

"자네 스윙은 50년 전의 화석(化石) 같군. 세계 기술은 이미 21세기로 들어섰는데 말이야. 클럽이 진보한 만큼 기술도 발전했다구. 잘못된 연습법으로 백 날 연습해 보게, 무슨 발전이 있나. 하지만 나라면 1년 안에 자넬 싱글로 만들 수 있지."

바로 이 홍인원 프로의 호언(豪言)이 「주간 포스트」에 인기 연재중인 본 시리즈의 발단이었다.

그로부터 4년……. 자칭 핸디 18이던 공막쳐 씨의 솜씨는 싱글? 아니 그 일보, 아니 이보 직전인가. 어쨌든 이 취재 때 말고는 일절 연습과는 담 쌓은 사람. 그래도 이 연습은 지금까지 난해·곡해·오해의 온상이던 레슨 상식을 뒤집고, 실로 너무 너무 쉽다는 소문이 자자! 이것은 모두 가이드역을 맡은 이 사람 도리두리의 능수 능란한 진행 솜씨 덕분은 아닐런지~.

● **일러두기**

『홍인원과 공막쳐의 싱글벙글 골프 레슨』 시리즈는 일본 『GOLF 練習嫌いはこれを讀め!』의 번역서로, 독자들에게 친근함을 주고자 등장인물 프로 골퍼 사카타 노부히로(坂田信弘)는 '홀인원' 을 패러디한 '홍인원' 으로, 만화가 초보 골퍼 히로카네 겐시(弘兼憲史)는 '공막쳐', 재미와 흥미를 돋우는 차차마루(茶茶丸)는 '도리두리' 라는 이름으로 바꾸었음을 밝힌다.

제1장

골프의 '레슨 용어'에는 잘못된 것이 많다.

아니, 오해를 부를 수 있는 말들이 넘쳐나고 있다.

한 마디로 모든 것을 표현하려고 욕심을 부리다 자칫 오해를

일으켜, 잘못된 이미지가 몸과 머리에까지 침투해 버리는 것이다.

우선, 그 오해를 푸는 데서부터 스윙을 이해해 나가자.

그렇지 않으면 백 날을 쳐봐야 발전도 없을 뿐만 아니라

아무리 연습해도 오히려 후퇴만 있을 뿐이다.

다 아는 것 같고, 완벽하게 눈이 뜨인 것 같아도 이튿날이면 까막눈이 된다.

이 모든 것은 레슨 용어에 사로잡혀 있기 때문이다.

잘못 알고 있는 레슨 용어

왼발 뒤꿈치선상이란
양발 뒤꿈치를 중심으로 60도씩 벌렸을 때의
연장선상을 말한다

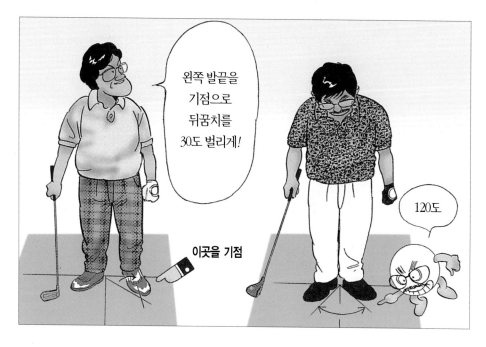

우리의 주인공 공막처 씨와 홍인원 프로에게
도리두리란 애칭을 받은 이 사람은 1년 동안 80타를 줄였다.
이 레슨(독학)이 나의 골프를 변신시켰던 것이다.

도리두리 : 스탠스를 취할 때, 얼마만큼 발을 벌려야 하는지, 볼은 어디에 놓아야 하는지 잘 모르겠어요.

공막처 : 이보게, 도리두리. 이건 홍인원 프로와 내가 기획한 거야.

도리두리 : 아니, 그냥 난 말이죠, 독자 여러분의 궁금증을 대변하는 것뿐이라구요.

홍인원 : 말은 그래도 이건 직권 남용이지, 뭐.

　그래, 그건 그렇다 치고, 스탠스의 기본은 우선 클럽 하나를 비구선과 평행이 되게 놓고, 양발을 모아보라구.

공막처 : 이 클럽은 발 뒤쪽에 놓나? 자, 두 발을 모았네.

홍인원 : 그랬으면 양발의 뒤꿈치를 중심으로 좌우 60도씩 벌려 보게. 그 뒤꿈치 중심의

연장선상이 볼의 위치가 되는 거야.

공막쳐 : 비구선과 평행으로 놓은 클럽과 직각이 되도록 또 하나의 클럽을 놓으면 볼의 위치는 언제든 확인할 수 있겠군.

홍인원 : 그때 60도로 벌린 오른발의 발끝은 되도록 비구선과 직각이 되게 안으로 조금 들여넣게. 그 정도는 적당히 알아서 하고.

공막쳐 : 왠지 볼이 너무 안쪽에 있는 것 같은데. 생각했던 것과는 전혀 딴판인 걸.

홍인원 : 이것이 정확한 왼발 뒤꿈치선상이라는 거야. 그러면 이번에는 6번 아이언의 볼의 위치를 보자구. 처음 순서는 똑같고, 거기에 한 가지만 덧붙이면 되네. 우선 양발을 120도 벌리게. 즉, 팔(八)자가 거꾸로 된 모양이지. 그리고 60도로 벌린 왼발을, 발끝을 중심으로 뒤꿈치를 30도 벌리는 거야. 볼은 자연히 조금 안쪽으로 오겠지. 이게 전부야.

공막쳐 : 음~. 볼은 뒤꿈치를 움직인 만큼 안쪽으로 오는군.

홍인원 : 그러니까 '왼발 뒤꿈치보다 볼 하나 안쪽' 이라는 표현이 사람에 따라 달라지는 거라구. 발 길이도 모두 다르니까.

공막쳐 : 이제 알 것 같네.

도리두리 : 으~음 너무 어려워!

홍인원 : 자넨 더 이상 몰라도 돼!

◘ 목표에 대해 직각인 볼의 연장선상을 중심으로 양발을 120도 벌리는 것이 볼의 위치를 정하고 스탠스를 취할 때 발을 벌리는 각도의 기준이 된다.

◘ 드라이버라면 120도 기준으로 오른발 스탠스를 벌린다. 이어서 왼발 뒤꿈치를 기점으로 발끝을 30도 당겨, 왼발이 벌어진 각도를 완만히 조절한다.

직각 스탠스는 양발을
이(二)자로 정렬하지 않는다

잘못된 스윙은 연습으로 고칠 수
있지만 방황한다면 해답은 없다.

-도리두리의 법칙-

볼의 연장선상에 양발 뒤꿈치를 축으로 하
여 120도 벌린 상태를 만들 때까지는 드라
이버나 아이언이나 똑같다.

스탠스와 볼의 위치를 정하는 순서

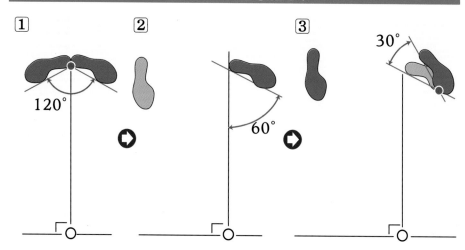

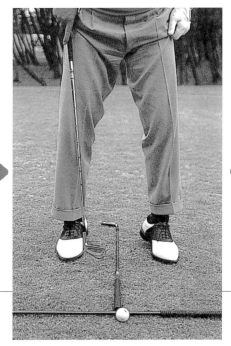 

우선 오른발의 스탠스 폭을 적당한 위치까지 벌린다. 이어서 왼발 발끝을 기점으로 하여 뒤꿈치를 30도 왼쪽으로 틀어준다.

이 방법이라면 아이언의 번호가 달라져도 오른발의 스탠스 넓이만 바꿔주면 언제나 같은 볼의 위치에서 칠 수 있다.

◀◀ 아이언

아이언은 왼발 발끝을 기점으로 30도쯤 벌린 상태를 완만히 조절해 주면 볼은 뒤꿈치의 약간 안쪽에 놓인다.

◀ 드라이버

드라이버의 경우, 왼발 뒤꿈치를 기점으로 30도 벌어진 상태를 완만히 해주더라도 왼발 뒤꿈치 연장선상은 움직이지 않는다.

백 스윙은 왼쪽 어깨를 돌리는 것이 아니라, 왼쪽 어깨의 급소로 **턱을 넣는 것**

레슨 용어에 대한 착각과 오해는 수없이 많다. '하체 리드'만 해도, 아마추어의 이미지는 실제와 크게 동떨어져 있다. 우리의 주인공 공막처 씨도 레슨서에 사로잡혀 있는 한 사람이다.

공막처 : 그렇다면 '어깨를 돌려라'라는 말에도 무슨 오해나 착각이 있나?

홍인원 : 물론이지. 우선 백 스윙에서 왼쪽 어깨를 넣으라고 하는데, 이 말에도 다소 오해가 있어.

공막처 : 하지만 레슨서에는 왼쪽의 어깻죽지를 턱 밑에 오게 하라고 씌어져 있잖나.

홍인원 : 그것이 바로 잘못 알고 있는 거라구! 요컨대 어깨를 돌리라는 게 아니라, 어깨의 웅덩이 같이 오목한 부분으로 턱을 넣으란 말이야.

공막처 : 웅덩이라니, 무슨 물웅덩이?

홍인원 : 물웅덩이가 아니라, 웅덩이처럼 패인 곳 말야. 그러니까 백 스윙에서는 왼쪽 어깨의 쇄골이 있잖나. 그 어깨와 이어진 부분이 약간 들어가 있는데 여기가 어깨의 급소

야. 백 스윙에서 톱에 걸쳐, 턱을 그곳으로 가져가기만 하면 된다구.

공막쳐 : 그거면 되나?

홍인원 : 충분하지. 왼쪽 어깨를 턱 밑에 넣으려고 하니까 왼쪽 어깨가 떨어지고 볼을 보는 머리의 각도가 반대로 되어버리는 거야.

공막쳐 : 머리의 각도라니?

홍인원 : 아마추어들은 모두 자네처럼 머리 꼭대기가 왼쪽 (비구 방향)으로 기울고, 턱 끝이 백 스윙 방향으로 향하는 버릇이 있어. 하지만 그게 아니라 머리는 오른쪽으로, 턱 끝은 팔로우 방향을 향해야 된다구.

공막쳐 : 그럼, 이렇게 오른쪽으로 기울어도 된단 말인가?

홍인원 : 물론이지. 그렇게 하지 않으면, 급소로 턱을 넣을 수 있을 것 같나. 이렇게 하면 백 스윙이 아주 단순해져. 게다가 중요한 건 백 스윙에서 오른쪽 팔꿈치와 오른쪽 어깨, 오른쪽 그립인데 특히 오른쪽 팔꿈치의 높이를 정해야 한다구. 자세가 나빠지면 오른쪽 팔꿈치가 점차 밑으로 낮아지거든. 오른쪽 겨드랑이가 조여지고 팔꿈치가 낮아지면 샤프트가 누워 버리고, 명치도 낮아지지.

공막쳐 : 턱은 왼쪽 어깨의 물웅덩이로 넣으라는 말이군.

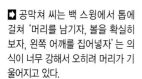
▶ 공막쳐 씨는 백 스윙에서 톱에 걸쳐 '머리를 남기자, 볼을 확실히 보자, 왼쪽 어깨를 집어넣자'는 의식이 너무 강해서 오히려 머리가 기울어지고 있다.

▶ 왼쪽 어깨는 비트는 것이 아니라, 어깨의 급소로 턱을 넣는다. 그렇게 하면 왼발에서 왼쪽 어깨에 이르는 왼쪽 사이드가 하나의 선으로 정리된다. 그래도 축은 움직이지 않는다.

톱까지의 *머리와 왼쪽 어깨의 관계*
다섯 가지 체크 포인트

① 머리 꼭대기는 오른쪽으로 기울어도 된다.

② 스윙축은 목덜미. 머리는 돌아가도 좋다.

③ 턱 끝은 왼쪽 어깨의 급소로 들어간다.

⑤ 오른쪽 팔꿈치가 낮아지지 않는다. 이 팔꿈치로 그립의 높이를 결정한다.

④ 어깻죽지가 턱 밑으로 들어가지 않아도 된다.

◀ 팔로우에서 피니시에 걸쳐서는 반대로 오른쪽 어깨의 급소로 턱이 들어가는 느낌으로 한다. 머리를 처박지 말고 상체(어깨)를 되꼬아 갈 것.

레슨서에 사로잡혀 있는 사람보다
연습하지 않는 사람이 그래도 잘못된
자세를 고치기 쉽다.
-도리두리의 법칙-

🔼 왼쪽 어깨의 급소(홍인원 프로가 손가락으로 가리키고 있는 부분)로 턱을 넣는 것이 백 스윙에서 톱까지의 상체 움직임의 포인트다 .

▶ 왼쪽 어깨의 급소로 턱이 들어갔으면, 이어서 톱일 때의 오른쪽 팔꿈치로 그립의 높이를 결정한다. 그리고 나서 오른쪽 어깨의 긴장을 풀어주면 완료.

백 스윙에서는 몸을 회전시키지 말라.
비거리와 방향성을 낳는 것은 *비틀림* 이다

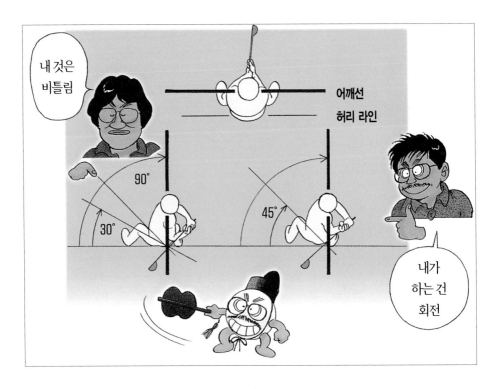

백 스윙에서 '왼쪽 어깨를 틀어라'는 말과 같이,
레슨 용어로서 정착해 있는 것이 '몸을 틀어라' 이다.
이것도 오해를 부르는 말이다.

홍인원 : 우선, 회전과 비틀림의 차이부터 설명해 보자구.

공막쳐 : 그게 그거 아닌가?

홍인원 : 사실 자네에게만은 정말 가르쳐 주고 싶지 않네. 비거리가 점점 늘어나면, 자넨 분명히 마구 퍼뜨리고 다닐 게 아닌가.

공막쳐 : 무슨 소릴, 꼭 스승님 덕분이란 단서를 붙일 건데. (하하)

홍인원 : (울컥!) 그래, 그건 그렇고. 우선 회전이란 전부 비트는 것을 말해. 그러니까 허리와 어깨의 회전율 차가 매우 작지.

공막쳐 : 그럼 허리와 어깨의 회전율 차 큰 것이 비틀림이란 말이군.

홍인원 : 허리를 30도쯤 비틀고, 그때 어깨의 회전은 90도로 하는 거야. 그러면 60도의 차가 나겠지. 그 차가 클수록 비틀림은 강하지 않겠나. 그러니까 볼이 나는 거라구.

공막쳐 : 옛날에는 허리가 45도고, 어깨가 90도였잖나.

홍인원 : 비틀림에 회전이 들어가면 허리 45도에 어깨는 90도가 되지. 회전이 들어갈수록 볼은 쉽게 휘어버려. 그러니까 최근에는 허리 회전을 30도로 멈춰버리는 거야. 그런데 자네는 허리가 60도, 어깨는 100도야. (하하)

공막쳐 : 그렇게 어깨가 돌아가 있나.

홍인원 : 그래, 그렇다니까. 본래 60도의 차가 나지 않으면 회전이라구. 하지만 회전으로는 볼이 날지 않지. 그러니까 프로의 세계, 회전 스윙을 하는 사람은 톱에서 하체의 리드로 단숨에 다운 스윙에 들어가서 결과적으로 그 비율을 높이는 거라구. 회전 스윙의 하체 리드라는 건 바로 다운 스윙 때의 받아치기로 비틀림을 만드는 거야. 하지만 비틀 때는 그런 동작을 하지 않아도 되지. 간단하다니까. 즉, 그것이 하나의 움직임을 생략한 원피스 스윙이란 거네.

비틀림은 톱에서 만들어야 하는 거야. 다운에서 만들긴 힘들다구. 특히 연습량이 적은 아마추어들은 더하지. 그러기 위해서는 톱에서 60도의 차를 내는 게 필요하다네.

공막쳐 : 그런가. 이젠 비거리든 방향성이든 자네를 이길 수 있겠는걸!

◀ 어드레스 상태에서 백 스윙, 톱으로 가는 허리의 선이 30도이고 어깨의 선이 90도가 되도록 가져간다. 이 회전율의 차가 클수록 비틀림이 강해진다.

비틀림 이란
허리와 어깨의 회전차가 큰 것

⬆ 예전의 이론으로는 오른쪽 허리를 45도까지 비틀라고 했지만, 최근에는 30도로 작아졌다. 오른쪽 허리의 꼬임을 작게 하여 어깨와의 회전차를 60도로 크게 벌림으로써 회전력을 재빨리 헤드로 전달할 수 있다.

⬇ 허리와 어깨의 회전차가 전혀 없다는 것은 회전력을 축적한 곳이 몸 어디에도 없다는 것과 같다.

◀◀ '하체는 토대'라는 표현은 백 스윙에서 되도록 하체를 회전시키지 않는다는 것. 상체만 비틀어가면 비거리와 방향성이 유리해진다.

◀ 어깨와 허리의 선이 거의 함께 움직여 버리면 비거리가 크게 떨어지고 만다. 이것은 회전 운동만으로는 비틀림이 없기 때문이다.

톱에서는 어깨와 허리의 회전차 = 60도가 이상적

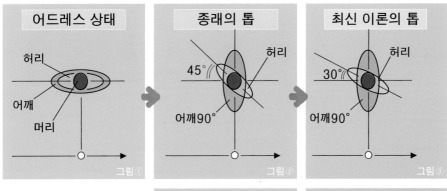

| 어드레스 상태 | 종래의 톱 | 최신 이론의 톱 |

허리 / 어깨 / 머리 (그림 ①) — 45° / 어깨90° (그림 ②) — 30° / 어깨90° (그림 ③)

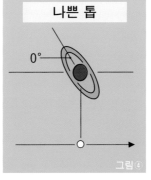
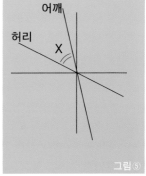

나쁜 톱 — 0° (그림 ④)

어깨 / 허리 / X (그림 ⑤)

어드레스 상태 (그림 ①)에서 백 스윙, 톱으로 움직일 때에 종래 (그림 ②)는 허리가 45도고 어깨가 90도. 그것이 최근에는 허리가 30도에 어깨가 90도로 변했다 (그림 ③). 비거리뿐 아니라 방향성을 중시했기 때문이다. 가장 나쁜 스윙은 어깨와 허리가 함께 움직이는 것 (그림 ④). 비거리는 회전차 (어깨와 허리의 각도차)로 나타난다.(그림 ⑤).

다운 스윙의 *지연 동작*은 손으로 만들지 말라. 진정한 지연 동작은 **하체로** 만들어진다

아마추어가 가장 많이 착각하는 부분이 있다.
그것은 다운 스윙 중의 '지연 동작' 이다. 그것을 만들고 싶어도
못하는 것이 우리 아마추어들이다.

홍인원 : 지연 동작이라는 건 손으로 만들어선 안돼. 결과로 만들어지는 거야. 오른쪽 팔꿈치를 조이고, 오른쪽 겨드랑이를 조이라는 건 60년 전의 이론이라구. 그렇게 했다간 오른쪽 어깨는 떨어지고, 왼쪽 허리는 끌려 올라가 버릴 걸. 오른쪽 팔꿈치는 조이면 안 된다구. 지연 동작은 하체로 만드는 거지, 손으로 만드는 게 아니야.

공막쳐 : 뭐, 하체로 지연 동작을 만들어!?

홍인원 : 그래. 그러니까 우선 하체의 움직임을 알고 조절하는 것이 결과적으로 다운 스윙의 지연 동작으로 연결되는 거라구.

공막쳐 : 하체로? 그게 정말인가.

홍인원 : 자네도 참 의심이 많군. 우선, 지연 동작을 만들 수 있는 원인부터 시작해 보지.

클럽의 양끝을 좌우 손으로 각기 쥐어 보게. 그리고 어드레스의 자세를 취하고, 샤프트가 지면과 평행이 되도록 받쳐주는 거야. 대개 자신의 허리 앞부분에 샤프트가 오겠지. (29페이지의 왼쪽 사진)

공막쳐 : 그거야 간단히 할 수 있지.

홍인원 : 그랬으면 허리의 위치가 될 수 있는 한 지면과 평행이 되도록 비틀어보게. (28페이지의 사진)

공막쳐 : 양어깨는? 아, 참! 임팩트에선 양어깨의 선은 어드레스 상태와 같고 허리만 돌린다고 자네가 가르쳐 준 걸 여기서도 해보면 되겠군.

홍인원 : 그렇지. 여기서 왼쪽 허리가 끌려 올라가게 되면 자연히 오른쪽 어깨도 떨어질 거야. 그러니까 허리가 거의 평행으로 돌아가 있으면 어깨는 그렇게 떨어지는 일이 없겠지.

공막쳐 : 이제 좀 알것 같네!

홍인원 : 하체는 이렇게 움직이면서 다음에는 되도록 다운 스윙에서 왼팔을 펴고, 이곳(25페이지 오른쪽 사진)까지 허리 회전의 움직임과 함께 따라가라고. 그리고 단숨에 팔로우, 피니시로 회전시키는 거야.

공막쳐 : 그걸로 지연 동작을 충분히 만들 수 있겠나?

홍인원 : 무슨 일이 있어도 오른쪽 팔꿈치를 조여선 안 되네. 결과적으로 지연 동작을 만들 수 있는 스윙을 상상하면 된다구.

공막쳐 : 음, 됐네, 됐어. (하하)

손은 이대로 두고 하체를 틀어!

◀ ▶ 이 위치에서 오른쪽 팔꿈치와 오른쪽 겨드랑이를 의식하는 것이 아니라, 오히려 하체의 되꼬임을 의식한다. 허리를 거의 평행으로 회전시킬 것.

◀ 아주 멋지게 다운 스윙을 하고 있는 공막쳐 씨. 이 위치에서 곧바로 오른발을 차올리지 말고, 그대로 허리를 회전시키면 비거리와 방향성은 모두 안정된다.

허리(하체)는 돌아가 있어도, 양어깨의 선은 되도록
어드레스 때(비구선에 평행)의 상태로 유지한다.
이것이 임팩트 전후의 상태다.

허리를 수평으로
돌리고 팔을 빨리 내려
치지 말라!

◀ 흔히 지연 동작을 만든답시고 오른쪽 팔꿈치를 조여, 오른쪽 어깨를 떨어뜨리는 사람이 있다. 이렇게 되면 허리는 평행으로 돌아가지 않는다. 어디까지나 허리는 평행을 유지하며 비틀고, 톱에서 갑자기 팔을 내려치지 않음으로써 지연 동작을 만든다는 생각을 항상 유념한다.

오른쪽 손목, 오른쪽 팔꿈치의 각도를 유지하는 인내가 지연 동작!

◀◀ 허리를 지면과 평행으로 틀어주는 연습은 어드레스의 자세에서 클럽의 양끝을 좌우의 손으로 쥐고, 샤프트가 지면과 평행이 되도록 한다. 그대로 허리(하체)를 비튼다.

◀ 톱에서의 오른쪽 팔꿈치와 손목의 각도를 조이거나 풀지 말고, 그 각도를 계속 유지한 채 지연 동작을 만든다. 이 위치까지는 허리의 수평 회전에만 중점을 둔다.

다운 스윙에서는
조여진 왼쪽 겨드랑이를 만들어라

자신의 스윙의 연속 사진을 본 적이 있는지.
'설마, 이것이 나?' 하여 대부분의 사람이 놀랄 만큼
비참한 경우가 많다.

홍인원 : 이것 보라고, 왼쪽 겨드랑이를 조이려고 하니까 자꾸 엇나가버리지.

공막쳐 : 조이면 안 되나?

홍인원 : 그래. 조이는 게 아니라, '조여진 겨드랑이'가 되어야 한다구. 조인 상태로 스윙을 하면 아마 놀랄 만큼 변할 걸. 그런데 자네처럼 의식적으로 겨드랑이를 조이는 스윙을 하면 왼쪽 허리가 되꼬여 가는 회전 운동이 적어진다구. 그러니까 동작이 도중에 멈춰서, 오히려 왼쪽 팔꿈치가 뒤로 빠져버리기도 한단 말일세.

공막쳐 : 그럼 조여진 겨드랑이는 어떤데?

홍인원 : 그거야 피니시까지 허리도 충분히 돌아가니까 팔로우와 피니시를 크게 취할 수 있잖겠나.

공막쳐 : 그렇담, 그 조여진 겨드랑이란 어떻게 하면 할 수 있나?

홍인원 : 흔히들 웨이트 시프트라고 하는데, 체중 이동밖에는 염두에 둘 게 없잖나. 하지만 웨이트 시프트라는 건 왼쪽 겨드랑이를 조이기 위한 움직임이라구.

공막쳐 : 또~

홍인원 : 의심스럽나? 우선, 톱을 만들어봐. 그리고 다운으로 들어가는 받아치기를 할 때, 그립의 위치나 상태를 그대로 유지한 채 한 호흡 걸러 하체로 그 팔을 잡아당기는 거야. 그러면 왼쪽 겨드랑이는 자유로이 조여지지.

공막쳐 : 어디. 정말이네.

홍인원 : 그러니까 왼쪽 겨드랑이를 죈다는 건 손과 팔로 생각해야 해. 조여진 겨드랑이란 하체 주도인 경우에 필연적으로 할 수 있는 거지. 그만큼 다른 거야.

공막쳐 : 이거, 지연 동작을 만드는 것과 관련성이 있잖나.

홍인원 : 조여진 겨드랑이가 완성되면 지연 동작도 쉽게 만들 수 있지. 사람들의 잘못은 연속 사진을 보고, 그 한 장면의 동작에 지나치게 집착하는 데 있어. 그건 결과적으로 필연적인 움직임이지, 의식적으로 하는 움직임은 아니라고 생각해야 해.

공막쳐 : 연속 사진의 함정이란 말인가. 골프를 어렵게 만들고 있는 게 그것이었군.

'죄어진 왼쪽 겨드랑이'와
허리의 회전을 익히자!

◀ 톱에서의 받아치기로 웨이트 시프트가 되는 한편, 손과 팔을 내리치는 데 한 호흡을 두면, 필연적으로 겨드랑이는 조여진 채 임팩트를 맞게 된다. 그리고 하체의 회전을 차단하는 요소가 적기 때문에 상체와 어깨는 그것을 토대로 더욱 회전력이 붙어간다. 결국 커다란 팔로우, 피니시가 된다.

연속 사진의 *참과 거짓*을 간파하라!

◆◆ 만일 왼쪽 겨드랑이를 조이려고 움직여 가면, 하체의 회전은 기껏해야 이 위치에서 멈춰버린다. 즉, 회전이 도중에 멈춘다. 죄어진 겨드랑이라면 왼쪽 허리가 더욱 돌아가려는 움직임이 생긴다.

◆ 왼쪽 팔꿈치가 뒤로 빠지지 않아, 결과적으로 커다란 팔로우가 생긴다. 왼쪽 팔꿈치가 뒤로 빠지는 것은 오른팔을 펼 수 없을 만큼 회전이 작기 때문이다. 큰 팔로우는 톱에서의 받아치기로 죄어진 왼쪽 겨드랑이에서 나온다.

상체와 하체의 *시간차*가
왼쪽 겨드랑이를 조인다!

▶ 아무래도 톱에서 금세 볼을 치고 싶어진다. 또는 헤드를 맞히고 싶어진다. 그것은 하체보다 손과 팔, 혹은 상체주도의 다운 스윙이 되기 때문이다. 스윙은 하체와 손, 팔, 상체의 시간차로 비거리를 낳는 것. 톱에서 다운으로 받아치는 순간에는 하체(허리, 웨이트 시프트)가 빠르지만 손과 팔의 위치는 거의 변하지 않는다.

▶ 언뜻 보면 의식적으로 왼쪽 겨드랑이를 조이려 하고 있는 다운 스윙인 것 같지만, 이미 왼쪽 겨드랑이는 조여져있다. 그 이유는 하체와 손, 팔의 움직임의 시간차에 있다. 톱에서는 손부터 내리지 말고 하체부터 움직일 것.

홍인원 프로의 드라이버 [정면]

홍인원 프로의 드라이버 샷에서 아마추어에게 참
고가 되는 점은 우선 템포이다. 톱 스윙에서 흔들
림 없이 부드럽게 속도가 더해져 힘껏 휘두른다.
그리고 상체와 하체의 시간차를 교묘히 사용하여
몸의 꼬임으로 비거리를 내고 있다. 회전이 아니
라, 꼬임의 정도가 방향성을 높이고 있다.

왼손 그립에서 세 손가락을
단단히 쥐는 이유는
잡아당기는 근육을 사용하는 데 있다

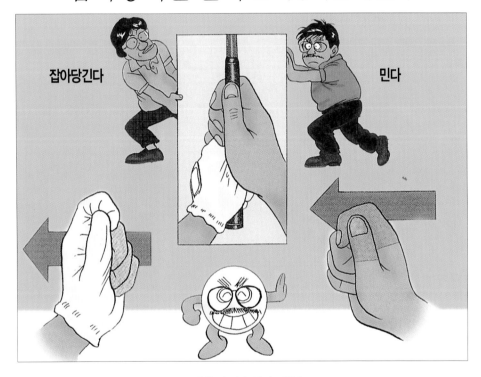

잡아당긴다

민다

'스윙할 때 좌우 열 손가락은
각자 맡은 역할이 있다'는 것은 우리의 스승
홍인원 씨의 말이다.

홍인원 : 우선 이렇게 알아두었으면 좋겠군. 왼손의 중지와 약지, 새끼손가락, 이 셋은 스윙에서 '잡아당기는 근육' 이야. 요컨대 잡아당기는 역할을 하는 근력이지. 그리고 오른손의 두 손가락, 엄지와 검지는 '미는 근육' 인데, 그건 '직감을 느끼는' 근육이야. 사람에 따라서는 거리도 만들고 방향도 만드는 편리한 손가락이지.

공막쳐 : 흐음.

홍인원 : '잡아당기는 근육' 은 휘둘러 빼는 조절 역할을 해. 그리고 왼손의 세 손가락의 중요한 역할은 '벽을 만드는' 거고, 오른손으론 임팩트의 벽을 만들 수 없지.

공막쳐 : 그럼 반대로, '미는 근육' 은 거리 조절 역할을 하나?

홍인원 : 그렇지. 따라서 왼손의 세 손가락 (중지, 약지, 새끼)을 단단히 잡으라는 건 클럽을 잡아당기라는 말과 같은 거야.

공막쳐 : 그러면 다운 스윙에서 잡아당긴다고 할 때는 이 왼손의 세 손가락만 단단히 잡고 당기면 되겠네. 그럼 비거리도 날리고.

홍인원 : 물론 볼을 날릴 때의 근력은 그 스윙 궤도를 리드하는 '잡아당기는 근육' 이 중요하지만, 골프는 잡아당기는 근육만으론 조절할 수 없어서 '미는 근육' 도 사용하는 거라구.

공막쳐 : 그러면 기본적으론 '잡아당기는 근육' 으로 스윙 궤도를 만들어 비거리를 낳고, '미는 근육' 으로 방향을 잡아가는 건가.

홍인원 : 가장 쉬운 방법으로는 열 손가락을 잡았을 때, 몸에 가까운 왼손의 세 손가락 (중지, 약지, 새끼)이 '날리는 근육' 이고, 가장 바깥쪽의 오른손 두 손가락 (엄지, 검지)이 '조절 손가락' 이라고 알아두면 될 거야.

공막쳐 : 그러면 나머지 다섯 손가락 (왼손의 검지와 엄지. 오른손의 중지와 약지, 새끼)은?

홍인원 : '거드는 손가락' 이지. 이 다섯 손가락도 중요해. '미는 근육' 에나 '잡아당기는 근육' 에도 써먹을 수 있는 만능 역할이 가능한 손가락이니까.

◀ 오른손의 두 손가락은 '미는 근육' 이다. 임팩트 직전에서 팔로우에 걸쳐 이 '미는 근육' 의 역할은 매우 크다.

이 다섯 손가락은 거드는 손가락!

◀ 몸에 가장 가까운 왼손의 세 손가락(중지, 약지, 새끼)은 '잡아당기는 근육' 이다. 가장 먼 오른손의 두 손가락(엄지와 검지)이 '조절 손가락' 이고, 나머지 다섯 손가락은 '거드는 손가락' 으로 알아둔다.

다운 스윙 때, 스윙 플레인을(손과 팔이 지나는 길) 따라
그립을 이끌고, 한껏 잡아당겨 비거리를 내는 '날리는
근육 (손가락)'. 이 왼손의 세 손가락이 비거리를 낳는
'벽'을 만든다.

잡아당기는 근육 &
미는 근육의 역할은?

◀ **잡아당기는 근육**
왼손의 세 손가락 (중지, 약지, 새끼)은
'잡아당기는 근육'. 휘둘러 빼는 것을 조
절하는 역할이 있다. 피니시가 근사한 사
람은 왼손의 세 손가락을 잘 사용한다.

◀ **미는 근육**
오른손의 두 손가락 (엄지, 검지)은 '미는
근육'. 거리 조절 역할을 한다.

임팩트는 어드레스의 재현,
상체와 하체 사용법

고작해야 멈춰 있는 볼을 치는데도 왜 이렇게 제대로
못 치는 것일까. 사실은 이렇게 단순한 작업을
세상 골퍼들은 복잡하게 여긴 채 고민하고 있다.

공막쳐 : '임팩트는 어드레스의 재현' 이란 것도 역시 거짓말인가?

홍인원 : 거짓말이라곤 할 수 없지만, 잘못 생각하고 있는 부분도 있어.

공막쳐 : 대체 그게 뭔데?

홍인원 : 임팩트에서 어드레스와 같은 형태, 즉 몸과 팔을 어드레스 때처럼 똑같이 취할 순 없지. 왜냐하면 어드레스 때와 임팩트 때는 헤드 스피드가 제로인 정지 상태와 최대로 가속되어 있는 상태라는 큰 차이가 있으니까. 이것만 생각해도 똑같이 될 수 없지 않겠나.

공막쳐 : 그런데 왜 어드레스의 재현이란 말이 나온 건가?

홍인원 : 어드레스 때의 느낌을 가지라는 거지, 형태를 돌이키라는 소리가 아니야. 될 수 있는 한 어드레스의 위치에서 치라는 거지.

공막쳐 : 좀더 자세히 설명해 주겠나.

홍인원 : 어드레스에서 임팩트 중에 똑같은 형태를 만들기 쉬운 건 상체뿐이야. 하체는 더욱 비틀려(허리를 돌려 반신의 태세가 되어) 있지. 비슷한 건 상체뿐이고 하체로는 절대 불가능해.

공막쳐 : 응, 그러니까 양어깨의 선을 어드레스 때로 돌리란 말이군.

홍인원 : 자네도 가끔은 옳은 소리도 하는군. 그렇다네. 잠깐 클럽 좀 줘보게.

(그리고 그는 양팔을 벌리고, 좌우의 손으로 클럽의 양끝을 잡았다.)

홍인원 : 어떤가, 양어깨의 선이 비구선과 평행이 됐지. 그러니까 어드레스 때와 같은 거 잖아. 그리고 하체만 왼쪽으로 비트는 거야. 이 상태가 임팩트지.

공막쳐 : 어, 그거 정말 쉬운데! 집에서도 이미지 훈련이 가능하겠어.

(공막쳐 씨는 클럽을 쥐고 어드레스 때와 같은 형태를 만들었다. 그리고 하체만 그 자리에서 힘껏 비틀었다. 이때 양팔과 양어깨는 거의 움직이지 않는다.)

홍인원 : 그 이미지가 '임팩트는 어드레스의 재현'이란 거야. 그래, 이젠 매일 30회씩 연습하자구!

◪ 오른쪽 어깨를 떨어뜨리면 자연적으로 허리도 내려가면서 회전한다. 즉, 시소 형태와 같은 스윙이 되어버린다.

◪ 임팩트에서 상체가 처박혀 버린다. 이 상태에서도 양어깨의 선은 어드레스 때와 크게 바뀐다.

임팩트에서 양어깨는
비구선과 평행 으로!

사진과 같이 클럽의 양끝을 두 손으로 쥔다. 그리고 양어깨의 선은 그대로 두고, 하체만 비트는 (돌리는) 상태가 임팩트 이미지이다.

비구선 후방에서 보면 어깨의 선은 어드레스 때와 거의 다름 없고 하체만 비틀려 있다는 것을 잘 알 수 있다.

'누가 뭐래도 공막쳐 씨처럼 임팩트에서도 어드레스를 충실히 재현한다면, 볼은 날지 않는다. 우선 그런 일은 생기지 않는다'고 하는 홍인원 프로.

임팩트에서의 순간적인 *시간차* 를 인식하라!

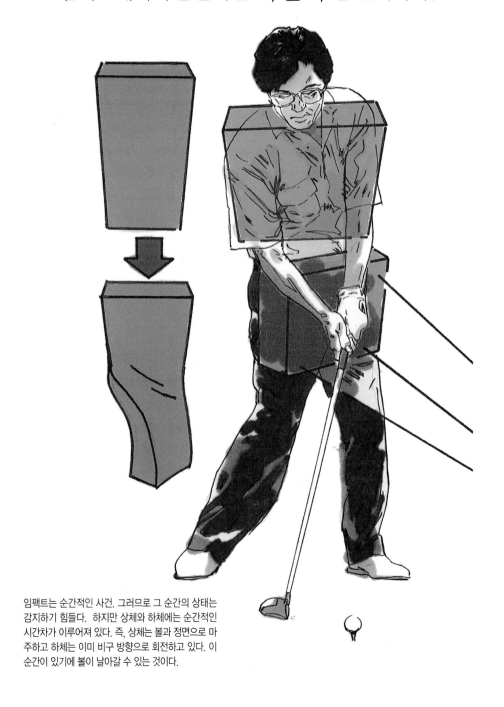

임팩트는 순간적인 사건. 그러므로 그 순간의 상태는
감지하기 힘들다. 하지만 상체와 하체에는 순간적인
시간차가 이루어져 있다. 즉, 상체는 볼과 정면으로 마
주하고 하체는 이미 비구 방향으로 회전하고 있다. 이
순간이 있기에 볼이 날아갈 수 있는 것이다.

임팩트 에서는
볼 전후 30㎝를 연장한 구역에서
헤드의 이동 상태를 느끼며 통과하라

'머리를 움직이지 마라'나 '볼을 좀더 확실히 보라'는 말은
초보 시절에 지겨울 정도로 들어온 것이다. 홍인원 프로는 '머리는 그 자리에서
회전하는 것이다. 오래 보고 있으면 미스의 원인이 된다'고 한다.
그렇게 되면 '볼을 확실히 보라'는 정설은 참인가? 거짓인가?

홍인원 : 프로도 볼을 보고 있을 때와 보고 있지 않을 때가 있어. 나 같은 경우는 볼을 확실히 보지 않지만, 이 선(볼의 전후 30센티를 연장한 선)은 잘 보고 있지.

공막쳐 : 볼을 보지 않아도 되나?

홍인원 : 어드레스에서 백 스윙, 다운에서 임팩트, 임팩트에서 팔로우. 중요한 건 볼을 중심으로 해서 전후 30센티 정도의 '헤드가 이동하는 상태'를 느껴야만 한다는 거야.

공막쳐 : 이동 상태라고? 또 다시 복잡해지는군.

홍인원 : 이걸 보라구(실제로 칠 볼의 전후 30센티 근방인 지점에 하나씩 볼을 놓는다). 백 스윙 시동에서 30센티까지 헤드의 상태를 느끼는 거야. 그리고 임팩트 직전의 30센티에서 헤

드의 상태를 느끼고, 다시 그 상태를 임팩트 직후의 30센티까지 느껴 가는 거지.

공막쳐 : 점이 아니고 선으로 응시한다구?

홍인원 : 그래. 헤드가 이동하는 이미지를 이 구역에 선으로 만드는 거지. 그렇게 하려면 시선 움직이는 연습도 필수야. 우선, 어드레스에서 백 스윙에 걸쳐 시선을 한껏 오른쪽으로 옮겼다가 임팩트에서 팔로우에 걸쳐서는 왼쪽. 그러니까 나같은 경우엔 시선이 자유롭게 움직일 수 있도록 좌우 시선의 한계까지 수없이 움직여, 눈 안쪽의 근육을 단련시켜 둔다구.

공막쳐 : 시선을 움직이면 머리를 움직이지 않고도 그 자리에서 회전하기 쉬워서겠지.

홍인원 : 헤드의 이동 상태는 컨디션이 좋으면 이곳 볼의 위치에서 좌우 각기 60~80센티까지의 구역에 이르기까지 느낄 수 있어.

공막쳐 : 이 몸은 엉망입니다! 노력한다고 하는데도 '점'이니, 헤드의 상태가 느껴지지 않네.

홍인원 : 점(点)이면 안 된다니까.

홍인원 프로가 컨디션이 좋을 때는 볼의 전후 60~80센티의 긴 구역에서 헤드의 상태를 감지할 수 있다고 한다. 볼을 응시하는 것이 아니라, 시선이 움직이고 이미지를 만드는 방법이 중요하다.

임팩트에서는
시선을 움직여라

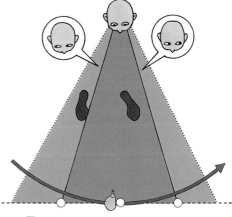

시선을 움직여
임팩트 구역을 포착한다!

⬆ 머리나 상체가 임팩트 직전부터 일어나 올라가거나 볼을 지나치게 응시하여 머리가 떨어지기도 하지만, 시선을 길게 좌우로 움직일 수 있다면 그러한 염려는 사라진다.

어드레스에서 백 스윙 시작 30센티까지 시선을 움직여 헤드의 상태를 느낄 것. 볼만 응시하면 머리가 떨어지기 쉽다. 그리고 몸의 움직임도 멈춘다.

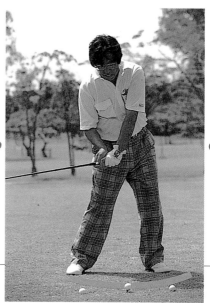

톱에서 다운 스윙에 들어갈 때, 볼만을 '점'으로서 응시할 것이 아니라, 오히려 헤드가 지나갈 구역을 그려 보는 것이 중요하다.

임팩트 직전과 직후에 흔히 머리가 올라가는(상체가 일어나 올라가는)
사람은 임팩트 직후의 비구선에서 시선이 벗어나 버린다.

체중 이동이 비거리를 낳는다는 것을 잘못 이해하면 스윙 전체를 망쳐버린다

'체중 이동이야말로 비거리의 원동력' 이라는 해설이
레슨서에는 많이 나와 있는데…….

홍인원 : 비틀림에 힘을 더하기 위해선 역시 어느 정도의 체중 이동은 필요하지. 하지만 그 어느 정도를 벗어나면 하체가 엉뚱하게 움직여버린단 말야. 그 정도를 결정하는 게 사실은 양무릎이라구. 즉, 체중 이동이 양쪽 다리 사이드에서 벗어나면 반대로 비틀린 힘은 잃고 말겠지. 그러니까 그 힘의 최대 한계점이 양무릎의 범위 내에 있는 거야.

공막쳐 : 그렇겠군. 이 양무릎이 어드레스 했을 때의 좌우 폭보다 벌어지면 안 된단 말 아닌가?

홍인원 : 그렇지. 두 개의 클럽을 좌우 양발의 끝과 좌우 무릎 그리고 허리를 잇는 선에 맞춰 세우는 거야. 백 스윙에서 톱까지는 오른쪽 무릎 끝이 이 오른쪽에 세운 샤프트에 닿는 것을 움직임의 범위로 보고, 임팩트와 피니시에서는 왼쪽에 세운 샤프트에 왼쪽 무릎 끝이 닿는 것을 범위로 보는 거지. 하체는 이 범위 내에서 움직여야 한다고.

공막쳐 : 실제로는 왼쪽 사이드가 좀더 움직이는 것 같은데.

홍인원 : 그렇지. 스윙 분해 사진을 보고 흉내내선 안 돼. 결과를 모방하면 움직임이 지나치게 커져서 한계를 벗어나게 되어버린다구.

공막처 : 양무릎을 조이라는 건 무슨 말인가?

홍인원 : 조이면 양무릎의 폭(클럽으로 이뤄진 테두리)이 작아지지. 그 테두리에서 돌리려는 건 절대 금물이야. 양무릎의 폭이란 자연스럽게 선 상태가 제일이야. 그 정도면 스윙 중에 테두리에서 벗어나는 일은 없지. 하지만 의도적으로 조인 양무릎의 상태에선 테두리에서 벗어나기 십상이야. 어드레스 때 양무릎을 너무 꽉 조이면 스윙 즉, 비틀림을 작게 만든단 말일세. 실제 발바닥으로 느끼는 '체중 분배' 라는 게 있는데 체중 이동의 열쇠가 양무릎에 있다는 증거라고 할 수 있지. 그건 말로 하기보다 그림으로 표현하는 게 이해하기 쉬우니까, 내 자넬 위해 특별히 그려주지. (51페이지 일러스트 참조)

공막처 : 잘난 척은!

⬆ 어드레스 상태에서 두 개의 클럽을 각기 좌우의 발끝에서 무릎, 허리선에 맞춰 세운다. 체중 이동은 이 범위 내에 한한다. 따라서 양무릎은 의식적으로 조이지 말고, 자연스런 상태로 정렬할 것.

백 스윙에서 톱까지는 오른쪽 무릎 끝이 샤프트의 바깥쪽으로 빠져나오지 않는다. 이것이 나와 버리면, 이른바 스웨이 상태가 된다. 물론 회전력도 잃고 미스 샷의 원인이 되기도 한다.

임팩트에서 팔로우에 걸쳐서도 이러한 샤프트의 범위 내에서 회전시킨다. 그것을 의식적으로 행하면 상체가 밑으로 처지거나, 스웨이를 부르기 쉽다.

체중 이동의 한계점은
양무릎의 범위 내

⬆ 백 스윙에서 체중을 너무 오른쪽 사이드에 실으려 하기 때문에 결과적으로 오른쪽 무릎이 움직여 '범위내'에서 벗어나면 스윙이 되지 않는다.

⬇ 스윙은 이미지와 실제간에 큰 차가 있다. 또한 하려고 마음먹었던 것과 그 결과에도 차이가 있다. 이와 같은 왼쪽 다리의 움직임은 '결과' 이지, 의식적으로 만들 수는 없다.

왼발이 구부러지는 것은 자연 발생!

스윙 중 발바닥의 체중 분배

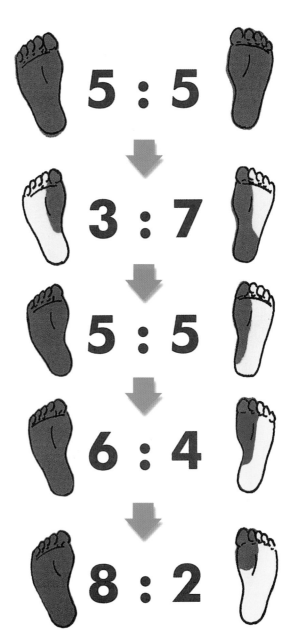

어드레스

자연스런 상태의 어드레스에서는 체중 분배 위치가 좌우 균등하다.

톱

왼발로 체중을 많이 이동하면 스웨이를 부르기 쉽다. 또 다운으로 향하는 받아치기로 옮겨가기 힘들어진다.

다운

좌우 3 대 7에서 5 대 5로 가볍게 옮겨 갈 수 있으면 다운으로 향하는 매끄러운 받아치기가 된다.

임팩트

임팩트는 좌우 6 대 4. 오른발의 체중 분배 위치에 주목하라.

팔로우

팔로우에서 왼발로 지나치게 체중을 이동하면 스웨이가 생긴다. 오른발에 힘이 남아 있지 않은 피니시는 비거리가 생기지 않는다.

5 : 5

3 : 7

5 : 5

6 : 4

8 : 2

오른쪽 다리 앞에서 임팩트란
그것을 의식하면서 **왼발 뒤꿈치**의
위치에서 치는 것!

여기, 골퍼들에게는 그야말로
눈이 번쩍 뜨일 만한 굉장한 정보가 있다.

홍인원 : 내가 무슨 중대한 말을 했나?

공막처 : 그러니까~ '오른쪽 다리 앞에서 볼을 치라'는 말 좀 설명해 주게.

홍인원 : 아, 그거~ 체중 말인가?

도리두리 : 지연 동작이 최고에 이르렀지. 이쯤되면 비거리가 20야드는 늘겠어!

홍인원 : 왜 오른쪽 다리 앞에서 치라는 말이 나왔을까. 그건 톱에서의 받아치기는 체중이 가장 무거운 부분부터 움직여 가는 거니까, 이상적인 톱 형태를 만들었을 때 체중은 오른쪽 허벅지 안쪽에 와 있잖겠나.

공막처 : 거기까지는 누가 모르나.

홍인원 : 그건 안단 말이지. 말 그대로 오른쪽 다리 앞에서 치려고 하면 오른쪽 다리가

그곳에 정지한 채 치는 꼴이 되잖나. 손으로만 그렇게 친다면 몸이 젖혀지고, 체중 이동도 할 수 없으니까 반드시 깎아치기가 될 거라구. 도리두리는 오른쪽 다리 앞에서 치라는 말을 손으로만 해결할 생각이었겠지. 그러니까 피니시에서 오른쪽 다리와 왼쪽 다리 허벅지가 서로 붙지 않는 거야.

공막쳐 : 하체가 그렇지. (하하)

홍인원 : 톱에서는 오른쪽 허벅지에 체중이 실려 있어. 그건 지면에 수직선을 그으면 오른발 발바닥 한가운데 안쪽에 포인트가 있지. 여기까지 체중이 이동해 있는 것과 같은 이치라구. 알겠나, 도리두리!

도리두리 : 아, 예. 그렇군요.

홍인원 : 그 체중을 왼쪽 다리로 옮기려 하니까 어려워지는 거야. 오히려 그 수직선을 그대로 왼발 발바닥 한가운데 안쪽으로 옮기면 된다구. 톱에서 체중을 평행으로 이동해 내려서 왼쪽에 싣는 것이 아니라, 올려든 클럽을 오른쪽 허벅지 안쪽으로 치려고만 해도 오른쪽 다리는 쉽게 왼쪽으로 옮겨간다는 거야. 즉, 오른쪽 다리 앞에서 치는 느낌으로 왼쪽 다리 뒤꿈치의 위치에서 칠 수 있단 말이지. 그때까지 손과 팔은 아래로 내려와 있고, 오른쪽 허벅지도 왼쪽으로 옮겨가 있어.

도리두리 : 그러니까 손과 팔로 치려고 의식하지 말고, 오른쪽 허벅지 안쪽의 중심점을 왼발 발바닥 한가운데 안쪽으로 밀어 넣으려고 하면 하체의 체중 이동이 쉽게 끝나 버리겠군. 이건 정말 끝내 주는데!

◀ 하체의 체중을 이동시켜 가는 의식은 발바닥이나 오른발 차기가 아니라, 오른쪽 허벅지 안쪽으로 감지한다.

오른쪽 *허벅지 안쪽*으로 감지하는 체중 이동

이동하는 오른쪽 다리 앞에서 임팩트를!

⬆ 손과 팔로 치는 의식이 너무 강하면 손으로 치는 타구가 되기 쉽다. 하체 리드, 체중 이동을 지나치게 의식하면 스웨이하기 쉽다. 그것들을 방지하기 위해 오른쪽 허벅지 앞에서 치는 것인데, 어디까지나 오른쪽 허벅지가 왼쪽 다리로 이동하면서 움직임이 만들어진다는 점에 유의한다.

⬆ 어드레스에서 양발의 체중 분배는 5 대 5. 즉, 체중의 중심 위치는 스탠스의 중앙에 있다. 그림 속 홍인원 프로가 샤프트를 늘어뜨리고 있는 부분.

⬆➡ 백 스윙에서 톱에 걸쳐서는 체중의 중심(배꼽에서의 수직선)이 오른쪽 다리 쪽에 접근한다. 체중을 강하게 느끼는 부분이 오른쪽 허벅지 안쪽. 체중을 '지탱하는' 유일한 부분.

오른쪽 허벅지 안쪽과 그 수직선(오른발 발바닥 한가운데 안쪽)을 왼쪽 허벅지 안쪽과 그 수직선(왼발 한가운데 안쪽)으로 미는 것만으로도 체중 이동은 끝난다.

왼쪽 사이드의 벽이란 왼쪽의 벽을 느끼는 것이 아니라, 샤프트를 수직으로 세우는 것이 목적이다!

볼을 멀리 날리는 중요한 요소의 하나로 '왼쪽 사이드의 벽'이 있다.
아마추어 골퍼가 좀처럼 만들지 못하는 것이 바로
이 '왼쪽 사이드의 벽'이다.

공막쳐 : 왼쪽의 벽이라니, 하체가 움직이지 않는 걸 말하나? 마치 왼쪽 어깨에서 왼발까지 벽이 있는 것처럼……

홍인원 : 세상에. 그런 이미지로 옹색해져서 어떻게 스윙을 하겠나. 내가 설명해주지. 우선 왼팔 하나로만 클럽을 쥐어 보게. 그리고 가볍게 스윙을 해보라고.

(그러면서 홍인원 프로는 왼팔 하나로 가볍게 휘두르고 있다. 그 왼쪽 팔꿈치 부근을 오른손으로 순간 잡았다. 마치 임팩트 직후 같다. 그러자 헤드는 그 반동으로 왼쪽 어깨 부근까지 휙 젖혀졌다.)

홍인원 : 자, 이것이 왼쪽 벽의 올바른 의미야. 벽이라는 건 헤드를 세로로 움직이는 걸 말하지. 그러니까 우선 먼저 왼팔을 오른손으로 잡지 않고 치면 왼쪽 손목에 생기는 각도는 120도쯤 될 거야. 이 정도면 헤드를 움직이는 데 왼팔을 크게 사용해야 된다구. 그 대신 왼팔이 점차 몸에서 멀어져 버려 겨드랑이도 열려 버리지.

공막쳐 : 그래서 팔꿈치를 멈추라거나, 겨드랑이를 조이라는 말이 있군.

홍인원 : 그래. 손목을 젖히라는 것도 왼쪽의 벽을 말하는 거였어. 하지만 이런 법칙도 이젠 한물 갔네. 즉, 왼쪽의 벽은 샤프트의 움직임을 세로로 취하는 게 목적이라, 지금은 왼발의 엄지를 힘껏 뻗댐으로써 하체(허리)로 벽을 만들 수가 있어. 자연히 상체의 가속이 증가해, 샤프트는 세로로 움직이게 되고 헤드가 위로 올라가는 거지.

공막쳐 : 이 몸은 우선 왼팔 하나로 클럽을 쥐고, 한 순간 오른손으로 누르는 연습부터 해야겠군. 왼발 엄지로 벽을 느끼는 스윙은 그 다음부터겠지…….

홍인원 : 연습 방법으로는 왼발 오르막에서 하는 펀치 샷이 가장 느끼기 쉬울 거야. 연습장에서도 널 조각 하나만 있으면 가능하지. 감각적으로는 하체가 한번 돌아가면 상체는 두 번 돌아간다는 게 왼쪽의 벽이 작용하고 있는 스윙이네.

'왼쪽의 벽'을 체감하면 점수의 벽이 무너진다.
-도리두리의 법칙-

▣ 오른손으로 왼팔을 누르면 사진과 같이 샤프트가 세로로 움직인다. 이것이 왼쪽 벽의 큰 목적이다.

오른손으로 한 순간
왼팔을 누르면 헤드는 올라간다

◀◀ 왼쪽의 벽을 실감하려면 우선 왼팔 하나로 클럽을 쥐고 가볍게 천천히 스윙한다.

◀ 왼쪽의 벽을 체감한 공막쳐 씨 '원심력이 가속되어 헤드가 움직이는 것을 확연히 느꼈다'며, 그 반동에 어리둥절해 하는 모습.

왼팔 하나만 휘두르면 팔로우에서 왼쪽 겨드랑이가 열리고, 왼쪽 팔꿈치도 높이 올라간다. 이렇게 되면 왼쪽 사이드의 운동량이 너무 많다.

임팩트 직후에 순간적으로 왼쪽 팔꿈치 부분을 오른손으로 누르면 왼손 손목이 각도를 크게 만들고, 샤프트는 세로로 움직인다. 그 결과 헤드는 위로 올라가게 되고 쉽게 큰 궤도를 만들 수 있다.

벽은 팔의 작은 움직임으로 헤드의 궤도를 크게 만든다

양팔은 몸 부근을 지나 불필요한 움직임을 없애고 일체감을 유지한다. 그래야 헤드는 큰 궤도를 그리고 원심력도 강하다. 왼쪽의 벽을 느끼지 못하면(왼팔이 열려 샤프트를 세로로 사용하지 못하면), 헤드의 궤도는 도중에 멈춰버린다.

홍인원 프로의 드라이버 [비구선 후방]

제 2 장

기본은 별 게 아니다.

천만에. 우리가 잘 안다고 믿었던 기본이 별 게 아닌 것 뿐이다.

'설마, 이게 스윙의 기본?'

여기 공막쳐 씨와 아마추어 골퍼에게 눈이 번쩍 뜨일 만한 기본 중의

기본 레슨이 있다.

기본도 모르고 먼길을 돌아가고 있는 것이 우리 아마추어 골퍼.

수백만 타를 쳐 온 프로와 아마추어의 이미지 차이.

그 거리를 메워주는 것이 '완전' 기본의 재미이다.

완전 기본에 재도전

백 스윙과 팔로우의 궤도 때문에 고민이 될 때 간단한 체크법

잘 알고 있다고 생각하는 골프 용어가 많이 있다.
그러나 몸 정면에서 볼을 포획한다는 것도 그 의미는
매우 불투명하다.

공막쳐 : 골프를 어렵게 만드는 건 레슨에 나오는 전문 용어들 때문이야. 지금까지 스윙 궤도 따윈 전혀 모르고도, 자네를 가볍게 오버 드라이브 해온 날 보라고. (하하) 도리두리도 마찬가지야. 지식이며, 이론이며, 전문 용어 따윈 해박한지 몰라도 날리질 못하는데 무슨 소용인가.

도리두리 : 모르시는 말씀, 이 풍부한 지식은 언제고 꼭 도움이 됩니다. 지금은 분명 지혜가 지나치고, 이론 낭비는 있지만······.

홍인원 : 이것들 보게, 도토리 키 재긴 그만하고. 이제부터 내가 단순 명쾌하게 자신에게 맞는 스윙 궤도 찾는 법을 전수해 주겠네.

공막쳐 : 뭐?! 그런 게 다 있나. 그렇담 잘난 척 좀 그만하고 어서 가르쳐 주게.

홍인원 : 스윙 플레인(손과 팔이 지나가는 길)이니 뭐니, 뜻도 모를 소리만 하니까 자꾸 어려워지지. 요컨대 자신에게 적합한 백 스윙에서 톱, 팔로우에서 피니시에 이르는 상체의 형태만 만들 수 있으면 돼.

공막쳐 : 어떻게 하는 건가?

홍인원 : 우선, 좌우의 손으로 클럽의 양끝을 쥐어봐. 그리고 어드레스 자세를 취하는 거야. 늘 하던 대로 하게. 그 다음엔 우선 백 스윙에서 톱까지 왼쪽 어깨는 옆으로 돌리면서 (왼쪽 어깨가 떨어지지 않게 하면서, 클럽과 양어깨는 평행) 몸을 비틀게. 완전히 비튼 지점에서 헤드 부분을 받쳐주고 있는 오른손을 샤프트의 중간까지 내리고, 이번에는 그립 부분을 받치고 있는 왼손을 그 오른손의 위치까지 클럽째 올려가는 거야. 그래, 거기가 자네의 톱 위치군.

공막쳐 : 과~연.

홍인원 : 그 반대가 팔로우에서 피니시가 되겠지. 왼쪽으로 몸을 완전히 틀었으면 오른손을 아래서 위로 샤프트의 중간까지 가져가고, 그립 부분의 왼손을 그곳에 대게. 그리고 클럽을 반 회전시키는 거야.

공막쳐 : 이 위치와 자세가 스윙 궤도란 말이군.

홍인원 : 아주 잘 했어!

클럽의 양끝을 각기 쥐고, 상체를 꼬아 올려간다. 그 백 스윙 도중에 양손을 모으고 톱으로. 마찬가지로 피니시를 향해 반대로 돌려가면 궤도는 쉽게 파악할 수 있다.

자신에게 맞는
스윙 궤도 찾는 법

실력 향상을 원한다면, 용어를 알기보다 그 원리를 알라!
대부분의 골퍼는 자신의 참 모습(스윙)을 모른다.
이상과 현실은 언제나 평행선. 체념이 곧 골프를 발전시킨다.

-도리두리의 법칙-

톱 형태

① 드라이버의 양끝을 좌우의 손으로 쥐고 (그립 부분은 왼손으로), 어드레스 자세를 취한다. 앞으로 숙이는 각도는 각자 하던 대로 하면 된다. ② 왼쪽 어깨를 떨어뜨리지 말고, 앞으로 숙인 각도에 대해 수평으로 비튼다. 오른쪽 겨드랑이는 젖히지 않는다. 하체는 생각지 말고, 상체의 꼬임을 우선으로 한다. ③ 완전히 틀었으면, 오른손을 샤프트의 중간 지점까지 미끄러뜨린다. ④ 다음에 왼손은 그립을 쥔 채, 오른손의 위치까지 들어올려 간다. 그것이 당신에게 가장 잘 맞는 톱의 위치이다

팔로우 형태

팔로우에서 피니시의 위치를 정할 때는 ❶ 어드레스 자세에서 반대로 ❷ 왼쪽으로 몸을 비튼다. 완전히 비튼 지점에서 ❸ 오른손을 샤프트의 한가운데까지 위로 미끄러뜨린다. ❹ 다음에, 그립을 쥐고 있는 왼손을 그대로 오른손의 위치까지 내려간다. ❺ 아울러 그 시점에서 클럽을 반 회전시킨다. 즉, 밑으로 늘어져 있는 헤드를 시계 반대 방향으로 회전시켜 헤드를 위로 한다. 그렇게 하면 팔로우에서 피니시의 형태가 된다.

원피스 스윙을 만드는
오른쪽 사이드의 일체감과 몸의 균형 체득법

연습장에는 가고 싶지 않지만, 잘 치고는 싶은 욕심꾸러기 공막처 씨.
그래도 라운드가 끝나면 한 순간만큼은 반성을 한다.
'아~, 역시 연습은 필요해'

홍인원 : 그래, 자넨 아직도 연습만 하면 가능성이 있다는 기대감을 못 버린 모양이군.
(하하)

공막처 : 자네한테 배운 뒤로도 볼은 여전히 휘고 있잖아. 도무지 스윙 타이밍을 잡을 수
가 없네.

홍인원 : 이봐, 내 좋은 연습법 두 가지를 가르쳐주지. 먼저, 오른쪽 사이드의 일체감이
야. 원피스 스윙이란 결국 오른쪽 사이드의 일체감이니까, 이 감각을 파악하는 게 좋겠
네. 우선, 클럽을 왼손으로만 쥐고 왼쪽 허벅지 앞에 두는 거야. 그리고 맨 먼저 임팩트의
이미지를 만들라고. 이때 되도록 오른손 손목의 각도를 내고, 오른팔은 오른쪽 겨드랑이
맨 옆에 붙이게.

공막쳐 : 오른쪽 팔꿈치에도 각도를 내나?

홍인원 : 물론이지. 그리고 이 이미지를 그대로 가지고 톱과 다운, 임팩트로 천천히 움직이는 거야. 이때 몸을 되꼬는 타이밍에 맞춰 오른쪽 어깨와 팔꿈치, 손목을 다같이 움직이게.

공막쳐 : 음, 그러니까 팔과 몸의 일체감을 확실히 느낄 수 있군.

홍인원 : 중요한 건, 팔은 자연적으로 휘둘러지는 거라 믿는 거야. 핸디 3정도는 되어야, 발돋움을 해선 안 될 부분에서 팔을 휘두를 수 있게 되지.

공막쳐 : 또 하나는?

홍인원 : 이번에는 양팔을 사용하네. 하체 그리고 상체, 팔을 동조시키는 거지. 조화시킨다고나 할까. 우선, 어드레스 때의 앞으로 숙인 자세를 취하게. 양팔은 편안하게 쭉 펴고 손바닥을 쫙 펼치고. 절대 양팔은 쓸데없이 긴장하지 말게. 그리고 몸을 비트는 거야. 허리, 하체 그리고 양어깨의 회전 운동에 거스르지 않으면서 양팔이 휘둘러지는 것을 의식하게. 균형있게 서서히 크게, 더욱 크게 휘둘러지도록 몸의 꼬임을 만드네.

공막쳐 : 이거 괜찮은데. 직장에서 간단히 할 수 있는 원기회복 체조로 제격이야.

양팔은 휘두르지 말라.
휘둘러지게 하라!

어드레스 때 앞으로 숙인 자세는 클럽을 쥐지 않더라도 정확히 취하자. 양팔은 릴랙스시킨다.

보디 턴으로 몸 중심부터 되꼬아 간다. 임팩트 직후부터 피니시까지 양팔에 다소 힘을 준다.

균형을 파악하는
보디 턴 연습법은
이것!

1 앞으로 숙인 어드레스 자세를 만든다. 양팔은 힘주지 말고, 부드럽게 아주 약간의 긴장감을 갖는다.

2 양팔로 몸을 꼬는 것이 아니라, 어디까지나 어깨·허리·하체의 몸 중심으로 꼬아간다. 톱에서는 오른쪽 다리로 힘껏 버틸 것.

3 어깨·허리·하체의 몸 중심으로 되꼬아 간다. 양팔은 생각 외로 잘 휘둘러진다. 거기에 뒤처지지 않는 하체의 균형을 갖도록.

서툰 사람일수록 잘못된 연습을 좋아한다.
코스에서 헷갈리는 연습장의 나이스 샷.
호기심은 발전의 지름길도 우회길도 된다

—도리두리의 법칙—

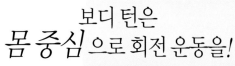

보디 턴은
몸 중심으로 회전 운동을!

스윙에서 중요한 것은 우선 균형이다. 스윙 중에 하체가 휘청거리거나 몸의 상하 움직임이 있어서는 안 된다. 이것은 불필요한 힘이 작용하기 때문이다. 몸 중심으로 회전 운동을 하고, 이 축으로 몸이 휙 돌아가는 것이 바람직하다.

드라이버 샷을 할 때 볼의 위치는 왼발 뒤꿈치선상보다 발바닥 장심 연장선상이 좋다

연습장에서는 곧잘 치는데 코스에만 나가면 미스 샷이 속출한다.
이런 식의 실수는 어드레스 때의 볼의 위치에서 오는 경우가 많다.

공막쳐 : 드라이버의 경우, 역시 볼은 왼발 뒤꿈치선상이 되겠지.

홍인원 : 볼의 위치를 정하는 법에는 두 가지가 있어. 하나는 왼발 뒤꿈치선상의 정점을 위치로 삼는 것이고 또 하나는 왼발 뒤꿈치에서 발끝까지의 사이 어딘가에 정하는 이동 위치야.

공막쳐 : 아니, 그건 또 무슨 소린가?

홍인원 : 기본적으로는 정점 위치든, 이동 위치든 왼발 뒤꿈치선상인데 이동 위치를 잡을 경우 스탠스를 취하고 왼발을 비구선에 따라 직각으로 정렬하면, 발의 폭 안에서만 볼의 위치를 정할 수밖에 없단 말이야.

공막쳐 : 그러니까 발끝을 전혀 열지 않는 스탠스로 양발이 평행이 되게 선다는 말인가?

홍인원 : 그렇지. 발끝을 조금 열면, 발끝과 뒤꿈치까지 사이에 어느 정도 폭이 생길 거 아닌가. 볼의 위치는 발끝과 뒤꿈치의 폭 사이가 적당하니, 발끝을 '역 팔(八)자'로 열수록 구역은 커지겠지.

공막쳐 : 아하, 알겠어. 그러니까 왼발을 오픈시키면 그 폭이 커질 테고, 그러면 볼의 위치를 정하는 폭도 넓어지겠군. 그 범위 내에서 볼의 위치를 정하면 된단 말이고.

홍인원 : 그렇지. 볼의 위치란 왼발을 여는 폭에 따라 결정되는 거야.

공막쳐 : 왼발을 열더라도 뒤꿈치 연장선상에 볼을 두란 소리 아닌가?

홍인원 : 왼발을 열고 뒤꿈치선상에 두라고 하면 볼이 다소 안으로 오기 쉽지. 오픈시키면 시킬수록, 볼의 위치는 가운데가 되기 쉽네.

공막쳐 : 어디에 기준을 두면 되나?

홍인원 : 왼발바닥 장심 연장선상. 그리고 발을 여는(왼발 스탠스의 오픈) 정도는 30도가 적당해.

공막쳐 : 그렇게 정렬하면 몸도 열릴 텐데.

홍인원 : 다소 오픈시킨 만큼 허리를 왼쪽 사이드로 두게. 즉, 어깨와 허리와 무릎의 선은 비구선에 대해 직각으로 정렬하네. 그러면 어드레스 시점에서 몸이 약간 틀어져 있으니까 그만큼 백 스윙에서 하체를 쓰지 않아도 되는 거지.

드라이버 샷의 경우 볼의 위치를 정하는 기본은 왼발 뒤꿈치선상이지만, 왼발을 여는 정도에 따라 그 위치의 폭에 여유가 생긴다는 것은 그다지 알려져 있지 않다.

볼 위치의 폭은
왼발 폭에 비례한다

볼 위치는 왼발 뒤꿈치선상이 아니라, 발바닥 장심이 이상적이다.

🔼 아마추어에게 권하는 이상적인 볼의 위치는 발바닥 중앙 연장선상. 이 정도면 스윙도 막히지 않는다.

🔽 왼발을 비구선과 직각 (일직선 스탠스)으로 정렬하면 볼의 위치를 정하는 폭은 좁아진다. 볼의 위치는 항상 발 폭의 범위내.

🔽 볼 위치의 폭은 발뒤꿈치에서 발끝 사이이므로, 발끝을 열고 정렬하면 그 구역은 당연히 넓어진다. 그 범위 내에 볼을 놓는다.

스탠스에 관계 없이 몸은
직각으로!

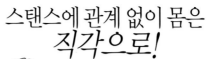

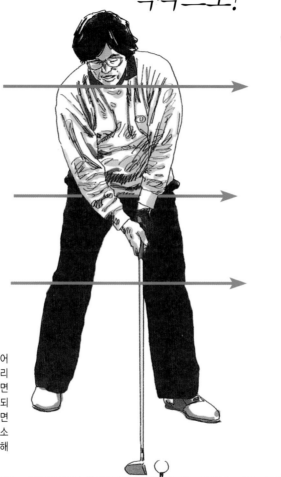

흔히 오픈 스탠스를 취하면 어깨 · 허리 · 무릎의 선도 열리는 사람이 있다. 이렇게 되면 의미가 없다. 스탠스가 오픈되더라도 몸의 선은 직각. 그러면 어드레스 시점에서 몸에 다소 꼬임이 생겨 백 스윙이 편안해진다.

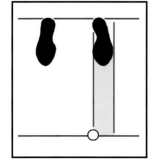
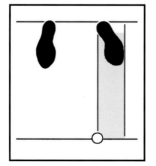
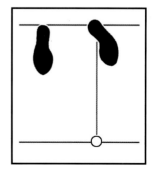

홍인원 프로의 미들 아이언 [등쪽]

등 쪽에서 본 연속 사진으로 알 수 있는 것은, 우선 톱에서의 오른쪽 어깨 위치와 오른쪽 팔꿈치의 높이이다. 손으로만 올리면 등과 오른쪽 어깨가 더욱 활처럼 구부러진다. 이렇게 되면 다운 스윙에 여유가 없어 충분히 휘두를 수 없다. 하체의 회전 속도에도 주목하기 바란다.

오른손을 닫고 여는 것만으로
훅 그립이나 슬라이스 그립은
되지 않는다

내가 맞아.

그립에 대해 홍인원 프로는 '대체로 아마추어들은 너무 단단히 쥐고 있다. 더구나 양손의 모든 손가락에 힘이 많이 들어간다. 기본적으로는 왼손의 세 손가락(중지, 약지, 새끼)이 스윙의 승패를 가름한다'고 역설한다.

공막쳐 : 최근 해외에서 활약하고 있는 일류 선수들은 훅 그립이 많은 것 같던데.

홍인원 : 그래, 대개가 스트롱 그립이지. 그래야 다운 스윙에서 손과 팔이 멋대로 날뛰지 않아 좋거든. 말하자면, 불필요하고 무의미한 움직임을 없애겠다는 뜻이지.

도리두리 : 그건 우드가 퍼시면에서 메탈로 바뀌어 온 시기와 이상하게 일치한단 말입니다. 직각으로 쥐는 선수는 거의 드물고, 특히 메탈이나 캐비티 아이언을 사용하는 선수들은 십중팔구 스트롱 그립이라구요. 여기엔 토우(헤드의 바깥쪽 끝) 쪽의 관성 운동이 큰, 다시 말해 중심 각도가 큰 클럽일수록 강하게 잡아야 다루기 쉽다는 평가도 있지요.

공막쳐 : 이 몸은 그립에 대해 별 생각이 없어서…….

홍인원 : 그러면 우선 기본부터 보자구. 왼손의 엄지는 클럽을 잡았을 때, 구부린 검지 끝에서 튀어나오지 않게 해주게. 이른바 롱 썸(long thumb)이라는 건, 이걸 두고 하는 말이야. 그렇게 되지 않도록 주의하게.

공막쳐 : 그러면 검지 아래쪽 관절이 직선처럼 되는 느낌인가?

홍인원 : 그렇지. 왼손의 엄지와 검지 사이에도 직선 비슷한 선이 생기네. 요컨대 직선에 가까운 V자형 그립인 셈이지. 그 V자와 오른손의, 역시 엄지와 검지 사이에 생기는 (이것도 마찬가지로 직선에 가까운) V자형이, 클럽을 잡을 때 되도록 평행이 되게 해주게.

공막쳐 : 왼손이 직각이라도?

홍인원 : 그렇다면 그 직선에 맞춰 오른손도 해줘야겠지. 스트롱 그립도 오른손만 닫히거나 열리는 일은 없거든. 그것을 훅 그립, 슬라이스 그립으로 생각하는 건 큰 잘못이야. 어디까지나 왼손의 선과 평행으로……. 이것만 되면 그립은 완료!

왼손 그립을 정하고 오른손을 맞춘다. 이 때, 오른손의 엄지와 검지 사이에 생기는 직선이 왼손의 직선과 평행이 되게 해준다.

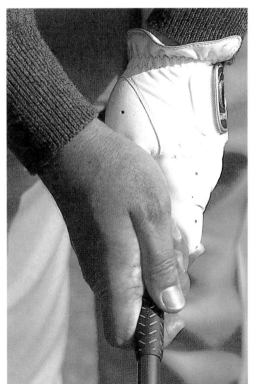

왼손의 엄지는
구부린 검지보다 튀어나오지 않는다

➡️ 오른손 그립의 엄지와 검지의 형태는 엄지가 튀어나오지 않게 장방형이 되게 해준다. 그립의 접착면도 길게 취할 수 있게 된다.

➡️➡️ 잔뜩 움켜쥔 그립은 엄지가 튀어나올 뿐 아니라 양손의 일체감을 잃게 되므로, 다운 스윙에서 오른손 손목의 각도를 유지하기 힘들다.

➡️ 골프 그립은 좌우 양손의 엄지와 검지의 형태가 장방형이 되는 것이 바람직하다.

➡️ 롱 썸. 엄지가 튀어 나오게 길게 뻗어 움켜쥐게 되면 컨트롤하기 힘들어진다.

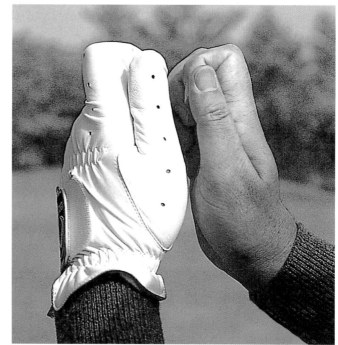

최신 그립은 스트롱 그립이 주류다!

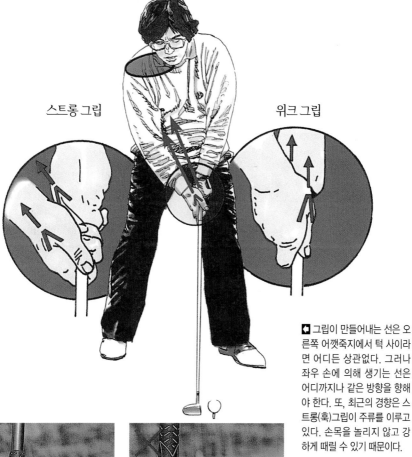

스트롱 그립

워크 그립

◀ 그립이 만들어내는 선은 오른쪽 어깻죽지에서 턱 사이라면 어디든 상관없다. 그러나 좌우 손에 의해 생기는 선은 어디까지나 같은 방향을 향해야 한다. 또, 최근의 경향은 스트롱(훅)그립이 주류를 이루고 있다. 손목을 놀리지 않고 강하게 때릴 수 있기 때문이다.

◀ ◀ 왼손 그립은 손등과 손가락이 일직선이 되어 있는 점에 주의. 샤프트를 여유롭게 쥘 수 있는 손바닥 상태의 그립이 바람직하다.
◀ 사진처럼 왼손의 손등과 손가락이 직선이 아닌 상태로 잡으면, 잔뜩 움켜쥔 그립이 되어버린다. 불필요한 힘이 들어가기 쉽다.

접시 나르기 스타일의 톱은 구닥다리 이론.
오른쪽 팔꿈치를 띄우고
오른손 **손목의 각도**를 만들어라

스윙 이론은 많은 변화를 보이고 있다. 그 좋은 예가 그립이다.
세계 일류 선수를 포함하여 예전에는 대개가 직각 그립이었지만, 오늘날의
주류는 스트롱 그립이다. 그리고 또 한 가지, 톱에서의 오른쪽 팔꿈치이다.

홍인원 : 지금은 톱에서 오른쪽 팔꿈치가 너무 조여 있으면 슬라이스가 나네. 오히려 팔꿈치를 띄우는(오른쪽 겨드랑이를 여는) 게 좋을 거야.

공막쳐 : 하지만 예전엔 톱에서는 접시 나르기 스타일이 좋다고 했는데.

도리두리 : 그거야 그 유명한 진 사라센이 "톱에서는 오른팔과 오른쪽 겨드랑이에 아교를 붙여 두라"고 하던 시절 얘기죠. 클럽이 발전하는데 스윙이라고 안 변하겠습니까. 샤프트의 휘기와 탄도가 정밀해져서 손끝으로 조작하지 않아도 똑바로 멀리 날려 주고. 게다가 헤드의 관성 운동 작용도 있잖습니까.

홍인원 : 드디어 나오시는군. 해박한 지식이!

공막처 : 오른쪽 팔꿈치를 띄우면 오버 스윙이 되는 건 아닌가?

홍인원 : 오버 스윙이야, 오른쪽 사이드가 올라가거나 (젖힌다), 손목이 꺾일 때지. 그건 전혀 다른 거라구. 말하자면, 어드레스 했을 때의 그립의 각도 (손과 팔 사이에 생기는 손목의 각도)를 그대로 유지하면서 톱으로 가져가네. 만일 오른쪽 팔꿈치를 조이고 접시 나르기 스타일을 취하면 샤프트가 누워버리지. 거기다 샤프트의 휘기가 더해져서, 한층 더 편평하게 (샤프트가 누워 페이스가 열린 상태) 들어가 버릴 걸세.

공막처 : 클럽이 서지 않아서 그렇군.

홍인원 : 바로 그거야. 그러니까 백 스윙은 손으로 올리려 하지 말고, 왼쪽 어깨나 오른쪽 어깨로 수평이 되게 돌리는 의식을 갖는 게 좋아. 그럼으로써 상체는 꼬여가는 거지.

공막처 : 어깨로 클럽을 올려가는 건가?

홍인원 : 손과 팔을 의식적으로 사용한다면, 지금과 같은 클럽은 제대로 다룰 수가 없어. 몸 회전, 특히 상체의 회전에 따라붙는 손과 팔을 중시하게. 그러기 위해선 톱에서의 오른쪽 팔꿈치의 높이를 직접 체크해서 확실히 익혀놔야 해.

톱에서 클럽을 *눕지 마라!*

한 생각 바뀜으로써 치유된 슬라이스.
사소한 실수로 휘는 볼!
-도리두리의 법칙-

◀◀ 오른쪽 겨드랑이를 열고 오른쪽 팔꿈치를 띄우면, 오른손 손목의 각도도 어드레스 때와 변함없고 페이스 또한 허공을 향하지 않게(클럽이 눕지 않게) 된다.

◀ 접시 나르기 스타일의 상태에서는 페이스가 허공을 향하고, 샤프트가 누워버린다. 다운 스윙 때 이상하게 편평한 상태로 내려와 버린다.

그립의 각도를 바꾸지 않는 **톱**

오른손 손목의 각도는 어드레스 때보
다 얕아서도, 너무 깊어서도 안 된다.
그립의 각도를 바꾸지 마라.

톱에서의 *오른손과 팔* 사용법
세 가지 체크 포인트

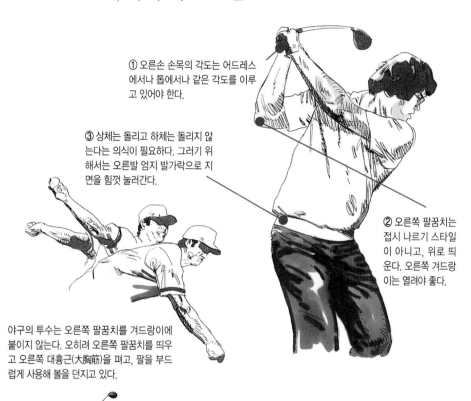

① 오른손 손목의 각도는 어드레스에서나 톱에서나 같은 각도를 이루고 있어야 한다.

③ 상체는 돌리고 하체는 돌리지 않는다는 의식이 필요하다. 그러기 위해서는 오른발 엄지 발가락으로 지면을 힘껏 눌러간다.

② 오른쪽 팔꿈치는 접시 나르기 스타일이 아니고, 위로 띄운다. 오른쪽 겨드랑이는 열려야 좋다.

야구의 투수는 오른쪽 팔꿈치를 겨드랑이에 붙이지 않는다. 오히려 오른쪽 팔꿈치를 띄우고 오른쪽 대흉근(大胸筋)을 펴고, 팔을 부드럽게 사용해 볼을 던지고 있다.

◀ ◀ 톱에서 오른쪽 팔꿈치가 몸에 밀착해 있는 스윙이라면 현대식 클럽은 제대로 구사할 수 없다.

◀ 오른쪽 겨드랑이가 열리고 오른쪽 팔꿈치가 높은 위치에 있으므로 다운 스윙에서 앞가슴의 폭을 넓게 취할 수 있는 것이다.

머리를 남기는 스윙을 착각하지 말라.
머리는 몸 회전과 함께 돌려라

'이봐, 머리가 움직였어', '임팩트에서 머리를 남기게'
이것은 골프를 처음 시작할 무렵 누구나 들어온 말일 것이다.
레슨서에도 '머리를 움직이지 마라', '머리를 남겨라'라고 쓰여 있기 때문에
나의 주인 공막쳐 씨도 필사적으로 머리를
'움직이지 않고 남기려고' 애쓰고 있는 것이다.
하지만 이 표현은 설명이 부족할 뿐만 아니라 부적절하다고
홍인원 씨는 역설하고 있다.

홍인원 : 머리를 움직이지 않고 끝까지 버틴다면 아마 골절상을 입을 거야.

공막쳐 : 그럼, 자넨 머리를 움직여도 된단 말인가?

홍인원 : 움직여도 된다기보다, 머리는 그 자리에서 회전한다고 생각해 주게. 그때의 머리 회전 타이밍이 매우 중요하거든.

공막쳐 : 꽤나 어려운 표현이군.

홍인원 : 단순히 머리를 움직이지 말라는 건, 우선 상하 움직임이나 앞뒤 움직임을 억제하란 말이야. 아울러 앞으로 튀어나오는 것도. 이를테면 임팩트를 향해 상체와 함께 머리가 튀어나와 버리는 것 말일세. 이런 머리 움직임은 정말 안 좋은데, 이를 가리켜 '머리를 움직이지 마라, 남겨라' 라는 말들을 하는 거네.

공막처 : 음. 그렇다면 머리를 돌리라는 건 어떤 상태를 말하나?

홍인원 : 스윙 축을 단단하게 하고 그 축을 움직이지 않는 걸 말하지. 머리 스웨이를 뒤섞어 하는 사람들이 있는데, 스윙축이 회전축이라는 의식은 필요하네. 머리는 목 뒤 아래쪽을 중심으로 회전해야지, 그렇지 않으면 몸은 매끄럽게 회전할 수 없을 걸세.

공막처 : 나 같은 아마추어들이 머리를 움직이지 않겠다는 생각으로 눈(시선 = 머리)을 볼에서 떨어뜨리지 않아서 오히려 방해가 된다는 건가?

홍인원 : 그렇지. 머리는 몸 회전과 함께 돌아가야 해. 그러니까 팔로우부터는 역시 머리도 비구선으로 나아가야 한다구. 그렇지 않으면 늑골이 부러져 버릴 거야. 아마추어들은 머리를 남기겠다는 집착이 너무 강해서 변칙적으로 머리가 움직이는 거네. 이론에 놀아나는 거지. 오, 자네가 참 가엾군!

머리는 그 자리에서 *회전* 시켜라!

◀◀ 임팩트에서 턱이 오른쪽 (비구 방향과 반대)으로 너무 가면 머리가 많이 남게 된다. 지면에 대해 바로 아래나, 약간 왼쪽(비구 방향)이 좋다.

◀ 팔로우에 걸쳐, 얼굴은 비구 방향을 향해 간다. 여기서 무리하게 남기려고 하면 오히려 돌아가던 몸이 회전을 멈춰버린다.

이것이 *머리와 몸 회전*을 익히는 연습법이다

1 일반적으로 골프에서 말할 때의 머리란, 목 뒤 아래쪽을 말한다.

2 양팔꿈치로 샤프트를 안듯이 하여, 양손을 귀에 대고 회전한다.

3 이 방법으로 연습하면 머리는 그 자리에서 회전한다는 것을 느낄 수 있다.

올바른 머리 움직임 & 남기는 법

머리를 무리하게 남기면 좋은 샷은 남지 않는다. 머리 회전은 스윙 회전에 비례한다. 머리 회전이 나쁜 사람은 스윙도 나쁘다.

-도리두리의 법칙-

특히 어프로치에서는 머리를 지나치게 남기는 것이 미스를 부른다. 오히려 머리는 그 자리에서 회전해야 헤드도 보내기 쉽고, 라인도 파악하기 쉬워진다.

목 뒤 아래쪽을 중심으로 머리는 회전한다. 임팩트에서 팔로우에 걸쳐서도 똑같다.

스윙 내내 머리를 어드레스의 상태 그대로 움직이지 않으면 오히려 폐해가 발생한다. 우선은 불가능.

백 스윙에서는 머리도 축도 오른쪽, 임팩트에서 팔로우에 걸쳐서는 상체를 송두리째 들이미는 나쁜 버릇.

몸이 열리고 머리도 상체도 모두 왼쪽으로 당겨 버리면 슬라이스가 나서 왼쪽으로 빠지기 쉽다.

톱 오브 스윙의 5가지 체크 포인트

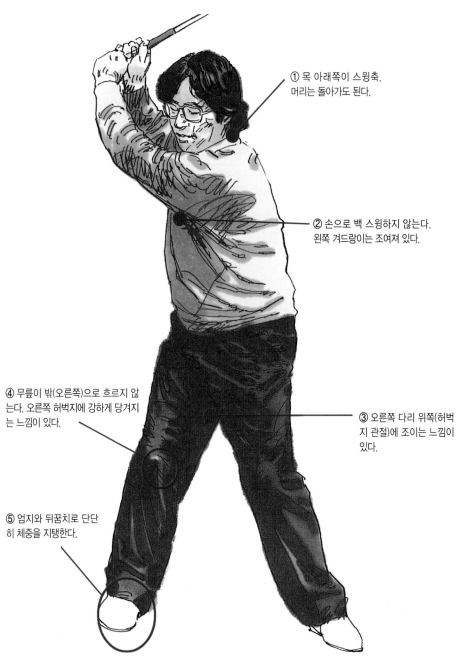

① 목 아래쪽이 스윙축. 머리는 돌아가도 된다.

② 손으로 백 스윙하지 않는다. 왼쪽 겨드랑이는 조여져 있다.

④ 무릎이 밖(오른쪽)으로 흐르지 않는다. 오른쪽 허벅지에 강하게 당겨지는 느낌이 있다.

③ 오른쪽 다리 위쪽(허벅지 관절)에 조이는 느낌이 있다.

⑤ 엄지와 뒤꿈치로 단단히 체중을 지탱한다.

어드레스의 4가지 체크 포인트

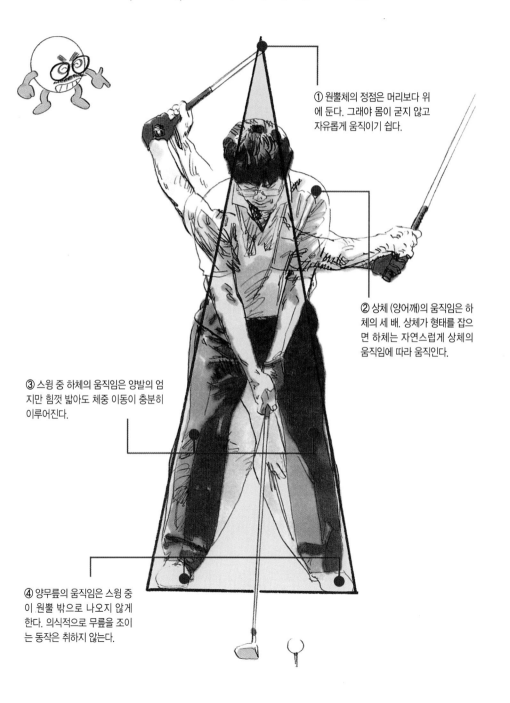

① 원뿔체의 정점은 머리보다 위에 둔다. 그래야 몸이 굳지 않고 자유롭게 움직이기 쉽다.

② 상체 (양어깨)의 움직임은 하체의 세 배. 상체가 형태를 잡으면 하체는 자연스럽게 상체의 움직임에 따라 움직인다.

③ 스윙 중 하체의 움직임은 양발의 엄지만 힘껏 밟아도 체중 이동이 충분히 이루어진다.

④ 양무릎의 움직임은 스윙 중이 원뿔 밖으로 나오지 않게 한다. 의식적으로 무릎을 조이는 동작은 취하지 않는다.

도리두리의 골프 도구 철저 연구① [볼 편]

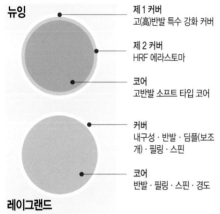

뉴잉

제 1 커버
고(高)반발 특수 강화 커버

제 2 커버
HRF 에라스토마

코어
고반발 소프트 타입 코어

커버
내구성 · 반발 · 딤플(보조개) · 필링 · 스핀

코어
반발 · 필링 · 스핀 · 경도

레이그랜드

◀ 본래의 커버와 코어(core) 사이에 고탄력의 특수 소재 층(커버)을 씌움으로써, 유연성과 반발력을 동시에 추구했다. 헤드 스피드가 늦어도 비거리를 확보할 수 있는 볼이다.

◀ 수많은 투어 선수들의 애용품으로, 95년도 남자 투어에서는 37전 22승. 큰 비거리와 부드러운 느낌. 바람에 강하며, 쇼트 게임에서는 뛰어난 스핀 성능을 발휘한다.

볼의 진화는 다양한 골프 스타일에 대응!

볼은 어떻게 날아가나.

비거리를 결정하는 요소는 우선 ① 볼의 처음 속도, 즉 임팩트 순간에 볼이 날아가기 시작하는 속도이다. 다음에 ② 날아가는 각도. 이것은 클럽의 로프트나 입사각 그리고 클럽과 볼의 마찰로 생긴다. 마지막으로 ③ 스핀량과 스핀 방향. 이들이 3대 요소이다.

거터 퍼처(gutta percha) 볼에서 투 피스 시대로 변하면서 볼은 현저히 진화했다. 그 투 피스는 거터 퍼처 이상으로 3대 요소를 구사할 수 있어, 다양한 개성을 낳을 수 있게 되었다. 비약적으로 비거리가 늘고, 더구나 스핀이 적절히 작용하는 볼을 개발하는 데 성공했던 것이다.

볼의 개성은 6가지 요소로 정해진다. 우선 ① 변형률이다. 다음에 ② 그 복원력. 그리고 ③ 관성 운동 (회전하기 쉬운 점), ④ 클럽 페이스와의 마찰 계수, ⑤ 공력(空力) 특성 그리고 ⑥ 필링이다.

그 현저한 진화 모델로서 '레이그랜드 WF' 와 초(超) 소프트 2중 구조의 '알터스 뉴잉' 을 들 수 있다.

골프 스타일별 **볼**선택 기준 ①

	헤드 스피드 40m/s의 경우	
	레이그랜드 WF	뉴 잉
드라이버파	◎ 로프트가 큰(12도 이상) 드라이버가 궁합이 좋다	◎ 로프트가 작아도 (12도 이하) 고탄도, 런(run)으로도 거리를 벌 수 있다
테크닉파	◎ 첫 바운드가 작으며, 멈추고 싶은 곳에서 제동이 걸린다	◎ 러닝 어프로치나 피치 & 런이 주체라면 위화감은 없다
휘는 것이 싫다	○ 뉴잉과 비교하면 스핀량이 많은 만큼 휘기 쉽다	◎ 슬라이스, 훅 모두 많이 휘지 않는다
고탄도를 원한다	○ 헤드 스피드가 느린 사람은 로프트가 크지 않으면……	◎ 로프트대로 날아간다
코스의 전장거리 (길다 · 짧다)	◎ 뉴잉보다 떨어지긴 해도 비거리는 충분하다	◎ 캐리 & 런으로 거리가 있는 미들 홀도 2온 가능하다
우천 (큰 캐리를 원한다)	◎ 로프트가 큰 드라이버라면 WF 쪽이 캐리(carry)는 기대할 만	○ 스푼으로 티 샷을 할 경우, 큰 효과를 발휘할 수 있다
바람 · 강풍 (스핀)의 경우	○ 바람 부는 날의 플레이도 OK지만, 뉴잉에 비해서는 열어진다	◎ WF보다 스핀량이 적어, 바람의 영향을 덜 받는다
포대 그린을 공략한다	◎ 핀 앞에서 스핀으로 멈춘다	◎ 높이로 공략하는 마음으로
연못이 많은 코스의 경우	◎ 비거리 성능을 믿고 칠 수 있다	◎ 연못을 넘기는 샷은 불안해 할 것 없다
페어웨이가 좁다	○ 클럽을 약간 짧게 쥐면 큰 효과	◎ 많이 휘지 않아 유리
그린이 단단하다	◎ 스핀 성능이 효과를 발휘한다	○ 바운드가 커지므로, 앞에서 공략한다
스트롱 · 로프트로 고탄도	◎ 헤드 스피드가 40m/s 이상이 아니면 어렵다?!	◎ 쳐내는 각도가 높다는 볼의 특성을 살릴 수 있다
기후, 계절	◎ 기온에 좌우되지 않는다	◎ 볼의 성능은 불변
롱 아이언이 고질	○ 저탄도가 되기 쉽다	◎ 올리기 쉬워 안정감을 가질 수 있다
러닝 어프로치	◎ 공구름이 좋은 점은 투피스 볼의 공통 특성	◎ 부드러운 타구감과 동시에 공구름도 증가한다
피치 샷	◎ 스핀으로 멈춘다	○ 높이로 멈춘다
벤트 그린	◎ 라인을 너무 부풀리지 않는다	◎ 터치를 맞추기 쉽다
고려 그린	◎ 컵 반대쪽에 부딪친다 생각하고 다소 강하게 때릴 수 있다	◎ 임팩트 직후의 직진 성능이 높아 잔디결에도 영향을 받지 않는다
미스 샷 허용률	○ 볼을 중심으로 포획했을 때야말로 최고 성능을 발휘할 수 있다	◎ 휘어짐이 적은 만큼 유리해진다

[주] 이것은 어디까지나 '레이그랜드 WF' 와 '뉴잉' 을 비교한 것이다.　　　　　　　　○ 좋다　　◎ 더 좋다

◀ 스핀은 페이스와 볼의 접착면이 넓고, 마찰계수가 클수록 강해진다. 멈추기 쉬운 WF가 우수한 점은 여기에 있다. 또, 뉴잉은 쳐내는 각도가 크고 낙하 각도도 있어, 그 높이에서 볼을 멈추기 쉽다.

골프 스타일별 **볼**선택 기준 ②

	헤드 스피드 45m/s의 경우	
	레이그랜드 WF	뉴 잉
드라이버파	◎ 캐리로 날리고 싶을 때는 WF 쪽을 권한다	◎ 낙하 뒤의 첫 바운드가 낮고 크다
테크닉파	◎ 낙하 지점과 정지 지점이 가까워야 계산하기 쉽다는 타입에 적합	○ 첫 바운드가 큰 만큼 거리감 조정이 필요
휘는 것이 싫다	○ 강한 샷에서는 생각대로 하기 쉽지만……	◎ 휘게 하기도 힘들고, 잘 휘지도 않는 특성을 가지고 있다
고탄도를 원한다	◎ 헤드 스피드의 속도가 있으면, 최고 도달점은 높아진다	○ 쳐내는 각도가 높아도 수평각은 작으며, 포물선 탄도로 난다
코스의 전장거리 (길다 · 짧다)	◎ 투어 프로 사용률, 우승률 모두 No.1이라는 것으로 검증됨	◎ 거리가 있는 미들 홀도 제2타는 쇼트 아이언으로
우천 (큰 캐리를 원한다)	◎ 앙각이 큰 특성에 따라 캐리 볼이라면 WF 쪽에 손을	○ WF에 비하면 런이 적기 때문에 불리해진다
바람 · 강풍 (스핀)의 경우	◎ 높낮이 조절도 하기 쉽다	◎ 포물선 탄도는 바람 속에서도 최강
포대 그린을 공략한다	◎ 낙하 각도가 예각이고 스핀량도 많으므로 유리해진다	○ 핀 앞에서 원 바운드로 공략하는 의식을 갖는다
연못이 많은 코스의 경우	○ 사이드 스핀이 걸리면……	◎ 휘어짐이 적으므로 좌우에 연못이 있어도 불안해할 것 없다
페어웨이가 좁다	○ 지나치게 휘두르는 것은 주의해야 한다	◎ 잘 휘지 않으므로 안심하고 풀 스윙할 수 있다
그린이 단단하다	◎ 스핀 성능이 높고, 잘 멈춘다	◎ 헤드 스피드가 있어도 앞에서 공략하는 것이 무난
스트롱 · 로프트로 고탄도	◎ 수평각이 커서, 앞서 나가 뻗는다	○ 최고 도달점까지 일직선
기후, 계절	◎ 볼 성능은 불변	◎ 볼 성능은 불변
롱 아이언이 고질	◎ 이 정도 헤드 스피드가 있으면 충분히 볼은 올라간다	○ 스핀량이 적은 만큼 낙하 후의 공구름이 좋다
러닝 어프로치	◎ 굴리기라면 투 피스	◎ 부드러운 타구감, 거리감이 뛰어나다
피치 샷	◎ 스핀 효과가 크다	○ 살짝 올려 멈추기 쉽다
벤트 그린	◎ 슬라이스 라인을 강하게 때린다	◎ 터치를 맞추기 쉽다
고려 그린	◎ 힘껏 때릴 수 있으면 OK	◎ 잔디결에 좌우되지 않는 직진성이 있다
미스 샷 허용률	○ 허용율은 높지만 뉴잉에 비해서는 떨어진다	◎ 휘어짐이 작은 만큼 유리해진다

[주] 이것은 어디까지나 '레이그랜드 WF'와 '뉴잉'을 비교한 것이다.　　　　　　　　　　○ 좋다　◎ 더 좋다

◀ 헤드 스피드에 따라 임팩트 순간의 충격력이 다르다. 즉, 볼의 변형률이 다르다. 비거리는 그 변형률과 복원력에 의해 결정된다. 뉴잉은 헤드 스피드가 늦든 빠르든, 적절한 변형률과 복원력을 가지고 있다.

제 3 장

나쁜 버릇도 개성이다!?
그럴 수도 있겠지. 하지만 그 고집도 코스에 나가 헛스윙을
하게 되면 어쩔 수 없이 기가 죽어…….
나쁜 버릇은 스윙에 대한 이해 부족에서 올 때가 많다.
하찮은 힌트 하나에 스윙이 일변하듯, 나쁜 버릇도 한방에 날려 버릴 수
있는 것이다.
특히 슬라이스나 생크로 고민하고 있는 골퍼 여러분.
여기 비장의 '특효약' 이 불로 장생의 스윙을 만듭니다!

잘못된 버릇에 대한 고민 해소

릴랙스한 **어드레스**와 **슬라이스 교정**을 원한다면 왼손으로 클럽을 쥐고 **오른팔로만** 스윙 연습을 하라

그것 참! 나의 주인 공막처 씨가 100타가 넘는 골프를 하고 말았던 것이다. 싱글 돌입은 시간 문제다 싶던 공막처 씨였으나, 급제동!

공막처 : 그래도 명예를 위해 한 마디 하겠는데, 그곳은 본고장 스코틀랜드 아닌가. 94년 전영(全英)오픈 회장이던 던베리니까.

홍인원 : 골퍼란 상승 욕구가 강하네. 하지만 늘 위만 보고 있으면 어느새 중요한 기본은 잊어버리고 '장식품' 만 남는 법이지. 그러니까 항상 '장식품' 을 버리는 작업, 정밀 검사를 해야 한단 말일세.

공막처 : 그만 좋은 점수를 내고픈 마음에 나도 모르게 힘이 들어가 릴랙스한 어드레스 조차 되질 않는군.

홍인원 : 나도 골프를 시작한 지 15년쯤 지나서였어. 어드레스에서 편안히 서게 된 게. 그러니 아마추어들한테 긴장을 풀고 정렬하라는 건 애시당초 무리한 얘기지.

공막처 : 그럼 난 어쩌란 말인가!

홍인원 : 내게 맡기라구. 좋은 방법이 있으니까. 우선 어드레스 자세를 취하게. 왼손으로만 클럽을 쥐고, 페이스를 볼에 맞추는 거야. 그리고는 오른손만 휘두르게.

공막쳐 : 이렇게 간단해?

홍인원 : 이렇게 간단한데도 안 되니까 나나 자네나 고생하고 있는 것 아닌가. 스승님 말씀대로만 하게! 이때 오른팔을 손만 가지고 휘둘러선 안돼. 톱의 위치는 낮아도 되니까 오른쪽 허리로 오른팔을 휘둘러가라구. 말하자면, 허리로 돌리는 거야.

공막쳐 : 분부대로 합죠. (하고 해본다)

홍인원 : 어라~. 그럼 슬라이스가 되잖아. 오른쪽 허리로 오른팔을 휘두를 때, 왼손으로 쥐고 있는 클럽이 엇나가서 페이스 면이 볼에서 떨어지면 안 된단 말야. 그건 왼팔을 당기고 있단 말이잖아. 당기면 당길수록 슬라이스가 난다구. 헤드를 남기고 휘두르게. 편안하게 휘둘러지고 있는 상태에서 어드레스 하는 게, 릴랙스한 어드레스라는 걸세.

공막쳐 : 거 참, 뭐가 이렇게 어렵나!

홍인원 : 그러니까 자넨 100을 못 깨지. 매일 100번씩 연습하게!

오른팔을 완전히 휘두르고 나서
양어깨가 회전한다!

🔺 공막쳐 씨의 경우는 오른팔을 휘두르려고 한 나머지 왼쪽 어깨도 크게 돌아가 버리는 경향이 강하다. 그러한 의식이 반대로, 왼쪽 어깨와 허리를 지나치게 당겨(열어) 버린다. 이렇게 되면 당연히 슬라이스가 날 수밖에 없다.

🔻 임팩트에서는 하체가 되꼬이면서 계속 돌아가고 있지만, 상체(양어깨)는 아직 비구선과 평행 위치에 남아 있다. 그 시점에서는 오른팔이 완전히 휘둘러져 있다고 생각해도 된다. 그러한 헤드의 이동으로 양어깨는 자연히 돌아가는 것이다.

쥐고 있는 클럽이 엇나가면 슬라이스!

➡ 왼쪽 허리가 빠지고 오른쪽에 체중이 남은 채 오른팔을 휘둘러버리면, 이와 같은 현상이 일어난다. 이른바 아웃 사이드 인의 허리가 빠진 상태이다.

왼손으로만 쥔 클럽의 페이스면은 확실히 볼에 맞춰 정렬할 것. 그리고 오른팔을 오른쪽 어깨 높이까지 올린다. 하체(허리의 각도)는 거의 어드레스 상태에서 움직이지 말 것.

오른팔로만 내리치는 것이 아니라, 하체(허리의 꼬임과 오른쪽 무릎, 오른발)의 움직임으로 오른팔을 휘두른다는 것을 명심하자. 이때 특히 주의해야 할 점은 왼쪽 어깨를 열지 않는 것이다.

팔로우 스윙은 오른팔을 왼쪽 어깨 높이 부근까지 가져갈 것. 물론 왼쪽 어깨는 열려 있지 않고 하체만 꼬여 있다. 힘주지 말고 하체의 꼬임력으로 오른팔을 휘두르는 것이 중요하다.

당기는 힘을 계산한 슬라이스 교정법

다운 스윙에서 오른쪽 어깨·오른팔이 너무 튀어나오면 아웃사이드 인이 된다.

슬라이스는 '뺄셈'으로 고친다.
-도리두리의 법칙-

왼팔·왼쪽 허리는 갈 곳을 잃어, 몸을 빼고 조정하게 된다.

오른발 뒤꿈치나 오른쪽 무릎을 톱에서 갑자기 걷어차면 오른쪽 사이드가 튀어나온다. 오른쪽 허리를 수평으로.

슬라이스 스윙궤도

정상적인 스윙궤도

'당기는 힘'을 계산해 토우 쪽 '헤드의 바깥쪽 끝'에 볼을 놓고 정렬하면 임팩트에서는 정확히 중심에 맞는다.

올바른 헤드의 궤도는 인사이드 인이지만, 슬라이스는 아웃사이드 인이 된다.

헤드가 너무 위에서 가파르게 들어오면
날아 올라가는 슬라이스가 된다

누가 뭐라든 아마추어의 영원한 주제는 슬라이스이다.

홍인원 : 또 슬라이스 얘긴가? 그럼, 위에서 가파르게 쳐도 슬라이스가 된다는 사실은 알고 있나?

공막처 : 뭐? 위에서 때려도 슬라이스가 된다구?

홍인원 : 날아올라가다 오른쪽으로 휘는 구질 같은 거지. 아마추어들은 대개 헤드를 넣는 각도가 너무 가파르단 말일세.

공막처 : 하지만 다운 스윙에서 지연 타격을 하다보면, 헤드가 늦어서 예각이 되잖나.

홍인원 : 그건 연속 사진을 너무 많이 봐서 그래. 사진의 함정이지. 대개 헤드의 궤도라는 건, 여객기가 착륙할 때처럼 완만하게 내려오거든. 너무 가파르게 내려오면 기세가 죽겠나? 그럼, 기체 머리가 지면에 처박힐 수밖에.

공막처 : 듣고 보니 그렇기도 한데……

홍인원 : 샤프트의 끝에서 20센티 정도의 높이. 그런데 아마추어는 그 두 배인 40센티 높이에서 볼을 향해 가고 있어. 그 차이 때문에 샷이 안정되지 않는 거지. 자신의 손과 팔을 생각하지 말고, 헤드가 어떤 식으로 커다란 원 궤도로 회전하는지 좀더 의식할 필요가 있어.

공막쳐 : 그런데 팔을 크게 휘두르지 않으면 큰 원을 그릴 수 없다는 강박관념이 들거든.

홍인원 : 그거라면, 헤드의 입사각을 되도록 낮게 유지한다는 의식을 가지면 될 거야.

공막쳐 : 그리고 자꾸 깎아치기로 들어가는 버릇이 고쳐지지 않아.

홍인원 : 왼쪽 어깨가 빨리 열리니까 그렇지. 손과 팔을 움직여 깎아치기를 막으려는 건 무리야. 차라리 어떻게 하면 왼쪽 어깨를 열지 않아도 될지 생각하라구. 그러기 위해선 무릎의 방향을 생각하는 게 좋겠지. 왼쪽 무릎과 왼쪽 어깨를 열어선 안 되네. 왼쪽 무릎과 허리를 당겨 버리면 반드시 오른쪽 어깨가 튀어나오고 왼쪽 어깨가 열린다구. 어깨도, 무릎도 반드시 함께 움직이니까 그 왼쪽 무릎을 놓치지 않도록 하게. 그러니까 좀더 왼쪽 무릎을 비구선에 따라 직각으로 움직여 가라구. 그리고 왼쪽 어깨가 열리기 전에 헤드 스피드를 내는 방법도 있어.

프로는 아마추어의
*절반 각도*로 헤드가 들어간다!

아마
프로

헤드의 원 궤도는 이미 지보다도 낮아서 긴 도움닫기를 취하고 있다. 위에서 때려 헤드를 매우 가파르게 넣으려고 하는 것이 아마추어의 잘못된 습관이다.

프로와 아마추어는 입사각이 두 배 이상 차이가 난다. 흔히 V자형 스윙이라고 하는 것은 이러한 입사각의 차이에서 온다. 다운 스윙에서 지연 타격을 너무 의식적으로 만들면, 이처럼 입사각은 예각이 된다.

이미지상으로 헤드의 입사각은 이 정도이다. 이 각도로 헤드가 들어오지 않으면, 결과적으로 큰 원 궤도는 될 수 없으며 팔로우에서 원호가 일그러지기 십상이다. 클럽 헤드는 작게 빠져나가 버린다. 크게 들어가면 크게 빠져나가는 것이다.

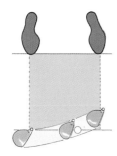

왼쪽 무릎이 무너진다 →왼쪽 어깨가 열린다→슬라이스

왼쪽 어깨가 열리면 필연적으로 오른쪽 어깨가 앞으로 나와, 헤드 궤도는 아웃사이드 인이 된다. 하체를 잘못 사용하거나 (왼쪽 무릎을 당긴다), 늦은 스윙이 원인이다.

왼쪽 어깨가 키 포인트

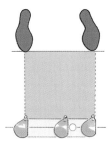

왼쪽 어깨가 열리기 전
에 완전히 휘둘러버릴
정도로, 정확히 하체의
움직임에 맞춘다. 또,
왼쪽 무릎이 무너지면
(빠지면) 왼쪽 어깨도
함께 열린다.

팔로우에서 **왼쪽 무릎이 빠지는** 악습은
체중 이동으로 시작되는 **받아치기**로 고친다

왼쪽 팔꿈치가 임팩트에서 팔로우에 걸쳐 빠져(꺾여) 버림으로써,
슬라이스나 톱 같은 최대 고민이 생긴다.

홍인원 : 그 원인을 가만히 따져보면, 톱에서 받아치기가 잘못되었다는걸 알게 될 거야.
받아치기는 손이 아니라, 허리부터 시작해야 하거든.

공막처 : 허리를 되꼰다? 허리부터 되꼬아 가더라도 왼쪽 어깨가 빨리 열려 클럽이 누워
버리지 않나?

홍인원 : 손부터 먼저 내리면 체중 이동을 할 수 없게 되는 문제가 있어. 체중 이동은 스
윙의 한 과정이긴 한데, 이것만이 특별한 건 아니야. 스윙이라는 건 형태와 리듬으로 체
중 이동을 낳지 않나. 백 스윙에서 톱까지의 리듬, 이건 어드레스에서 오른쪽으로 체중
이동해 가는 리듬이고, 톱에서 다운으로 들어가는 받아치기는 근사하게 체중 이동을 하
는 '리듬의 미'가 필요한 곳이지.

공막처 : 무슨 말인지는 알겠네만, 그래도 안돼!

홍인원 : 그럼, 무엇 때문에 톱에서 하체를 꼬는 각도와 상체(양어깨)를 꼬는 각도에 차이를 주고 있는 것 같나?

공막쳐 : 그야 시간차를 만들고 싶어서겠지.

홍인원 : 그래. 그 시간차를 풀어버리는 갖가지 나쁜 근원이 손이나 왼쪽 어깨로 시작되는 다운 스윙이라는 거야.

　하체가 우선 먼저 움직이고, 톱에서의 손의 위치는 그대로 두게. 그리고 하체가 움직이는 대로 클럽은 끌려가는 거지. 그렇게 한 순간 끌려가는 느낌을 받은 다음, 단숨에 휘두르는 거야. 톱에서 왼손 새끼 손가락을 늦추지 않으면 왼손 손목의 각도를 별안간 바뀌지 않고도 내리칠 수 있어. 특히 오른손 검지부터 움직이는 게 최악일세.

공막쳐 : 그러면 왼쪽 어깨가 아직 톱의 위치에 있는 상태에서 하체만 되꼬고, 거기서 마치 유압 펌프를 땅속으로 쑤우욱 밀어넣듯 내리치면, 왼쪽 어깨는 안 열리겠지.

홍인원 : 그 표현이 더 재밌네~.

공막쳐 : 재밌긴, 평소 그만큼 천천히 휘둘러서 자네 코를 납작하게 해주고 싶단 생각을 하거든.

홍인원 : 자네 욕심의 근원은 항상 내게 있나. 쫀쫀하긴!

<h1 style="text-align:center">하체에 의해 팔이
휘둘러지는 감각이다!</h1>

◀◀ 이러한 톱의 위치에서 하체를 되꼬아 간다. 즉, 체중 이동을 받아들임으로써 상체와 하체의 '시간차'가 더욱 확연해지는 것이다. 체중 이동이라는 것은 왼쪽 다리와 무릎을 어드레스의 위치로 되돌리려는 의식을 갖는 것만으로도 충분하다.

◀ 손과 팔로 내리치지 않고 체중 이동에 따라 하체를 어드레스의 위치로 되돌리기만 해도 상체는 한층 꼬인다. 그러기 위해서는 천천히 휘두르는 의식이 필요하다. 팔(그립)은 톱에서 천천히 유압 펌프를 내리눌러 가듯이 하면 헤드가 자연히 내려간다. 특히 왼쪽 어깨가 열리지 않도록 유념한다.

손과 팔로
다운 스윙에 들어가면
슬라이스가 생긴다!

헤드부터 먼저 내리면 이렇게 되어 버린다.

⬆️⬆️ 톱에서 이어지는 받아치기에서 오른손 엄지나 손·팔로 내리치려고 하면 모처럼 왼쪽 손목에 만들어진 각도가 풀려버린다. 그러면 헤드가 먼저 내려와 스윙 궤도를 망가뜨려 뒤땅치기나 톱, 슬라이스가 된다.

⬆️ 헤드부터 먼저 내려버리면 샤프트의 길이가 방해를 해 지면을 때린다. 그 결과 왼쪽 어깨는 열리고, 왼팔도 구부러져 버린다. 더욱 내빼려고 하면 왼쪽 허리까지 빠져, 갖가지 미스를 부르게 된다.

⬆️ 설사 클럽을 있는 힘껏 휘둘렀더라도 이렇게 되면 팔이 빠져나갈 데가 없어서 어떻게든 완력을 써보려고 한다. 완력으로 제어한다는 것은 결과적으로 헤드 스피드를 죽이게 되어 비거리는 기대할 수 없다.

일정한 스피드

가속

빵!이 아니라
부우~웅이다

하체와 상체의 시간차를 톱에서의 받아치기 순간에 뻔히 알면서 풀어 버리는 것은 안타까운 일이다. 톱에서 임팩트까지 상당한 시간과 거리가 있으므로, 팔을 휘두를 때는 유압 펌프를 쑤~~~욱 밀어주듯 끈기를 가질 것.

◀◀ 체중 이동이 매끄럽게 이뤄지면 깨끗한 팔로우가 나올 것이다.

◀ 왼손 손목의 각도를 그대로 유지하기 위해 왼손의 새끼손가락은 단단히 잡아둔다. 여기서는 백 스윙에서 왼손의 새끼손가락을 꼬아올리듯 동작을 연장하는 기분으로 하면 된다.

톱이 너무 깊어도 슬라이스의 원인,
이상적인 톱은 *양어깨의 각도*에서 나온다

톱 오브 스윙을 크고 깊게 취하면 볼이 멀리 간다는 착각을
하고 있는 골퍼들이 많다. 하지만 그것이 오히려 슬라이스와 같은
미스의 원인이 된다는 것을 거의 모르고 있다.

공막쳐 : 아무래도 막상 닥치면 나도 모르게 힘이 들어가네. 그러면 왼쪽 어깨도 들어가지 않는 것 같고.

홍인원 : 그건 단순히 육체적 만족감만 추구하기 때문이야. 육체가 만족하니, 이성을 컨트롤할 수 없는 거지.

공막쳐 : 어쨌다고!

홍인원 : 백 스윙에서 아마추어들은 왼쪽 어깨를 지나치게 넣으려고 해. 거기에 너무 집착하면 상체도 같이 돌아가 결국 오른쪽 사이드를 무너뜨리고 말지. 그렇게 무너져버리면 톱에서 일단 오른쪽 사이드를 제 위치까지 돌려 놔야 할 거 아닌가. 그렇지 않으면 클럽을 휘두를 수가 없으니까. 그런데 일단 몸을 되돌려놓는 그러한 쓸데없는 동작이 느린

스윙의 원인이 되는 거야. 그런 군더더기 동작이 많을수록 임팩트는 맞기 힘들어질 테고.

공막쳐 : 쓸데없는 동작 때문에 손목이 많이 쓰인다거나, 하체가 틀어진다든가 하는 불필요한 동작이 나온다는 건가?

홍인원 : 그렇지. 그러니까 지금까지 해오던 절반만 왼쪽 어깨를 비틀어 주면 돼.

공막쳐 : 반이라면, 뭘 기준으로 반인가?

홍인원 : 우선 어드레스를 해봐. 그리고 양팔꿈치로 클럽을 안듯이 (사진 참조) 백 스윙하고, 톱의 위치에서 멈추게. 그때 그립 끝은 어디를 가리키고 있나?

공막쳐 : 오른발 끝 연장선!

홍인원 : 너무 돌아갔어. 그립 끝은 볼을 가리켜야지. 그것으로 충분하네. 어깨를 너무 많이 돌리니까 다운 스윙에서 임팩트에 걸쳐 쓸데없이 왼쪽 어깨를 당기고, 열고 하는 거라구. 이 그립 끝이 볼을 가리키는 왼쪽 어깨의 위치에서 톱을 멈추면 반 이상의 군더더기 동작은 억제할 수 있어. 그리되면 고맙게도 왼쪽 어깨를 임팩트 전에 당기거나, 열려고 하는 의식도 없어져 버리고. 그러면 자연히 슬라이스도 안 나겠지.

공막쳐 : 음~, 이해가 가네!

백 스윙에서 상체를 한껏 비틀어, 왼쪽 어깨의 위치가 오른발 위쪽까지 오는 톱은 반대로 스윙이 늦거나 오른쪽 사이드가 무너져버리는 원인도 된다. 왼쪽 어깨는 많이 붙지 않아도 된다.

왼쪽 어깨를 열면
열수록 거리가 떨어져
볼만 거리를 잃게 된다!

오른쪽 어깨를 떨어뜨리고 왼쪽 어깨를 열거나 치켜올리면 뒤땅치기나 슬라이스, 톱이 되기 쉽다. 이러한 움직임은 거리도 나지 않고 볼이 반드시 휜다.

◀◀ 양팔꿈치로 클럽을 안은 상태에서 톱을 만든다. 그때, 왼쪽 팔꿈치 끝에 있는 그립은 볼을 가리키는 정도면 충분하다.

◀ 매끄럽게 왼쪽 어깨를 회전해 가면 왼쪽 어깨의 위치는 빠지지도, 끌려 올라가지도 않고 볼이 있는 곳으로 다가온다. 팔로우는 이러한 감각을 중시!

오른쪽 사이드를 무너뜨리는
톱의 크기보다 낭비없이
완전히 휘둘러지는 톱을!

🔼 톱의 양어깨, 상체의 위치는 이 정도면 충분
하다. 여기서부터 단숨에 클럽을 휘둘러 버릴
것. 하체는 자연히 되꼬여 가므로 임팩트 시점에
서는 양어깨가 비구선에 평행이거나 약간 열린
정도. 양어깨는 계속 꼬아져 동작을 진행한다.

하체의 근력이 단단히 받쳐주고, 복근 · 배근이
강하면서 유연성까지 있다면 왼쪽 어깨를 크게
돌려도 대처할 수 있지만, 그렇지 않으면 그립
끝이 볼을 가리키는 위치까지 할 것.

갑작스런 생크는 어드레스만 체크해도 막을 수 있다

갑자기 페어웨이 저편에서 "으악, 생크다!"라는 외침 소리가 들렸다.
나의 주인 공막처 씨였다.

홍인원 : 그만해. 난 생크에 생자만 들어도 두드러기가 나는 사람이야.

공막처 : 그래도 어떡하면 좋겠나?

홍인원 : 그것 참~. 생크에도 두 가지가 있어. 스윙에서 인사이드 생크와 아웃사이드 생크. 하지만 각기 고치는 법이 있지. 그러니까 왜 생크가 나느냐 하면, 볼이 페이스에 맞지 않고 샤프트와 클럽 헤드의 연결 부위, 그 넥(호젤)에 맞아서 그런 거야.

공막처 : 아웃사이드 인으로 쳐서 생기는 슬라이스와 같은 현상인가?

홍인원 : 그게 바로 아웃사이드 생크야. 물론 깎아쳐도 그렇게 되고, 반대로 페이스가 달혀도 넥에 맞으면 생크가 되지.

공막처 : 플레이 도중에 나면?

홍인원 : 우선, 스윙 궤도가 나와 있다는 건 반드시 턱이 앞으로 많이 나와 있다는 건데, 턱만 끌어당기기면 고쳐지네.

공막처 : 턱을 당긴단 말이지. 그밖에는 없나?

홍인원 : 앞으로 숙인 자세가 깊어질수록 생크가 나기 쉬워. 또 하나는 등이 구부러져 있어도 잘 나고.

공막처 : 어드레스에서 체크할 수 있겠지?

홍인원 : 물론 가능해. 등줄기를 펴고 턱을 끌어당기고, 양팔꿈치는 되도록 조이지 말게. 조이면 생크가 나기 쉽거든.

공막처 : 볼과 스탠스의 위치는?

홍인원 : 인사이드 생크가 되기 쉬운 건, 볼에 대해 너무 멀리 서 있는 게 원인이야. 그렇게 멀리 있으면 지나치게 인사이드로 넣어가거든. 앞으로 숙인 각도가 깊어져 등이 구부러지니 등줄기를 펴야지. 반대로 너무 가까이 서면 밖에서 헤드가 들어가기 쉬우니까 아웃사이드 생크가 되네. 그리고 대개는 가까이 서서 턱이 나오니까 턱을 끌어당기고, 볼과 스탠스의 거리를 유지해야 하지. 그 거리가 너무 멀어지는 데 따른 원인이 많아.

공막처 : 생크는 발전 과정에서 나온다던데.

홍인원 : 그런 거짓말이 어딨나! 그저 우연일 뿐이지.

생크병, 턱이 너무 나오고 등이 구부러짐!

인사이드 생크/ 스윙 플레인이 지나치게 인사이드로 들어와 생크가 되는 것은 앞으로 숙인 자세가 깊고, 게다가 등이 구부러져 있는 경우에 많다. 따라서 볼과 스탠스의 거리를 다소 좁히고, 등줄기를 편 자세를 취하도록 한다.

아웃사이드 생크/ 아웃사이드 생크는 턱이 지나치게 앞으로 나와 있는 경우에 많다. 게다가 볼과 스탠스의 거리가 너무 가깝거나 적절한 간격을 유지하지 못하는 경우다. 턱을 집어넣고 다시 한번 볼과 스탠스의 거리를 체크해 본다.

앞으로 숙인
각도가 너무 깊으면
생크를 낳고
구질도 변한다!

항상
등줄기를
펴고.

어드레스를
다시 체크
해보게.

🔼 척추를 구부리지 않는다. 턱을 끌어당긴다. 이것만으로도 앞으로 숙인 각도가 변하고 볼과 스탠스의 거리가 변한다. 그저 단순히 양팔을 펴거나 조이는 것으로 그 간격을 조절해서는 안 된다.

🔽 앞으로 숙인 자세가 너무 깊다. 볼과 스탠스의 거리가 지나치게 멀다. 턱이 너무 앞으로 나온다. 등이 너무 구부러진다. 이것들은 모두 생크의 원인이다.

스윙 궤도가 일그러지지 않게 주의 하고.

볼과 양발의 거리와 *스윙 궤도*를 체크!

⬅️ 생크의 원인은 스윙 궤도가 일그러지거나 어긋나는 데서 온다. 스윙 중에 그립 궤도가 너무 앞으로 나온다거나 자기 쪽으로 너무 끌려가게 되면, 헤드의 궤도가 어긋나 페이스에 맞기 힘들어진다.

⬇️ 스윙 궤도가 일그러지면 생크가 난다. 즉, 그립 궤도로 생각하면 스윙 중 (임팩트 구역)에는 오른발에서 왼발까지 직각으로 지나가는 이미지, 그것도 지나치게 아웃사이드나 인사이드가 되지 않게 할 것.

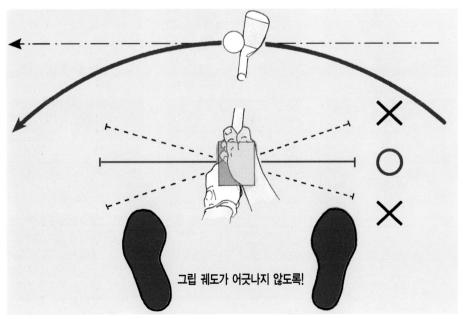

그립 궤도가 어긋나지 않도록!

홍인원 프로의 어프로치 [정면]

제 4 장

연습장에서는 나이스 샷. 코스에서는 나이스 미스!?
고민은 늘 같지만, 그것도 무리는 아니다. 대자연 코스에는
편평한 라이가 거의 없으니까.
이번 장에서는 이른바 긴급 상황에서의 매뉴얼 레슨.
왼발 오르막 · 왼발 내리막에서 시작해, 유사시 대처하는 법이
우리 아마추어 골퍼에게 도움을 줄 것이다.
무조건 볼을 치는 것만으로는 좋은 점수를 기대할 수 없다.
그래서 그야말로 '비법'이 필요한 것이다.

어려운 상황에 대처하는 *타구법*

오르막에서는 **헤드 업을 예상한 스탠스**, 내리막에서는 **팔자 스탠스**로!

"핸디 12 이하를 노린다면 사면 타법의 노하우 정도는 알아두어야 해"
라고 말하는 홍인원 프로.
발전 과정의 길잡이가 되어주는 경사면에서의 대책.

홍인원 : 오르막일 때는 스탠스를 다소 오픈시키는 게 좋아. 왜냐하면 오르막에선 머리를 남기기 힘들고, 헤드 업(머리가 들리는 것) 하기가 쉽거든. 그래서 머리를 회전하는 의식이 필요한데, 이것이 아마추어들에겐 쉬운 일이 아니지.

공막쳐 : 헤드 업과 오픈 스탠스가 무슨 관련이 있나?

홍인원 : 오르막일 때 헤드 업은 누구나 한단 말이야. 그러니 어차피 할 바에야 처음부터 머리를 들고 몸이 움직이는 방향으로 틀어두는 게 좋겠지. 이것이 첫째고, 둘째는 양팔에 다소 여유를 갖으라구. 클럽을 짧게 쥐는 것보다 양팔꿈치에 여유를 주는 게 볼을 치기도 쉬워지지. 그래야 깨끗하게 칠 수도 있고. 짧게 쥐면 빨리 휘둘러버리니까 반대로 볼이 잘 휠 테고. 오르막은 이 정도면 된 것 같네.

공막쳐 : 내리막에도 두 가지가 있나?

홍인원 : 이 쪽은 좀 달라. 우선, 라이와 관련이 있지. 내리막은 허리를 돌리기 힘든 상황 아닌가. 허리가 돌아가지 않으면 완전히 손치기가 돼서, 비거리도 나지 않지만 방향도 틀어지게 된다구. 젊은 시절엔 그래도 무릎으로 허리를 틀어갈 수 있지만, 마흔이 넘은 사람들은 그것도 안 된단 말씀이야. 그러니 우선 스탠스를 좁게 취하고 무릎의 움직임을 억제하기 위해 양발을 '팔(八)자' 형으로 정렬하네. 그만큼 반대로 허리는 돌아가겠지. 이것이 마흔이 넘은 사람들의 몸동작이야. 상체가 돌려주는 거지.

공막쳐 : 그렇다면 이 몸처럼 젊은 사람은 어쩌나?

홍인원 : 젊은 사람은 왼발 끝만 열어주는데, 자네 같은 노인은 양발을 팔자로 벌려야지. 그리고 상체로 허리를 돌려주면 돼. 상체가 튀어나오면 허리는 절대 안 돌아갈 거야. 상체를 그 자리에서 회전시키게.

공막쳐 : 체중은?

홍인원 : 스파이크 슈즈의 뒤꿈치 부분에 손가락 하나 정도 들어갈 만큼 발끝 쪽에 실으면 되네.

⬆ 내리막 사면에서는 손가락 하나 정도 뒤꿈치에 여유가 생길 만큼 발끝 쪽에 체중을 실으면 된다. 그럴더라도 발끝으로 서는 것이 아니고, 발바닥 전체로 땅을 밟고 있는 느낌을 가질 것.

➡ 스탠스의 양발은 '팔자' 모양으로 정렬한다. 이로써 불필요한 무릎의 움직임을 억제하고 상체가 튀어나오는 것을 막으며, 허리를 회전하기 쉽게 만든다.

공막쳐 씨의 내리막 샷.
그런대로 괜찮지만 되도
록 양무릎의 움직임, 특히
왼쪽 무릎이 펴져 올라가
지 않는다면……

내리막에서는 *하체 컨트롤*이 열쇠!

⬆ 장타를 치는 사람 중에 볼이 왼쪽으로 빠져서 고민인 사람이나 젊은 사람은 왼발만 연다. 마흔이 넘었다면 양발을 열고 '팔자' 형으로 어드레스한다. 무릎의 움직임을 억제하고 상체로 허리를 틀어준다. 그리고 왼쪽 무릎이 펴져 올라가지 않도록 유념해야 한다.

경사면에서의 큰 톱스윙은 *미스의 원인!*

⬅⬅ 상체를 그 자리에서 회전시키면 허리는 돌아가기 쉽다. 상체가 앞으로 나와 버리면 허리는 절대 돌아가지 않는다. 단순한 톱으로써 그 자리에서 회전하기 쉬운 동작으로 할 것.

⬅ 사면에서는 톱스윙이 크면 아무래도 상체가 앞으로 나오기 쉽다. 게다가 하체도 더욱 불안정해지고 스윙은 흔들린다. 또 임팩트를 늦춰 톱이나 뒤땅치기를 부르기 쉽다.

왼발 오르막과 왼발 내리막 사면에서는
*체중의 중심*을 낮은 발 쪽 장심에

아마추어가 실전에서 자주 고민하는 것은 경사진 라이에서
제대로 치지 못하는 것이다.

홍인원 : 우선 어드레스가 중요한데, 이것으로 대개의 고민은 해결할 수 있어. 왼발 오르막인 경우는 스탠스를 다소 좁히고, 클럽을 좀 짧게 쥔 상태에서 몸을 빨리 비튼다고 생각하게. 스탠스가 넓어지면 다운 스윙에서 허리가 돌아가지 않거든. 좁게 해야 허리를 틀 수 있지.

공막처 : 역시 경사에 따라 서야 하나?

홍인원 : 기본은 경사에 대해 수직이야. 이때 대부분의 사람이 실수하는 건, 몸은 사면에 대해 수직인데, 머리의 위치가 지면에 대해 수직 상태로 되어 있는 거지.

공막처 : 볼 바로 위에 머리가 남는다~.

홍인원 : 그러니까 머리도 몸도 사면에 대해 수직인지 체크해야 해.

공막쳐 : 그럼 왼발 내리막에서는?

홍인원 : 이때는 스탠스를 넓게 취하네. 아무래도 왼발로 흐르기 쉽고, 허리도 빨리 꺾이 니까. 그것이 슬라이스 볼이 나는 주원인이네. 이 경우도 사면에 대해 수직으로 서도록 하게. 체중 이동은 편평할 때의 8할 정도로 억제하고.

공막쳐 : 그뿐인가?

홍인원 : 나머지는 스윙 플레인인데, 왼발 오르막인 경우 백 스윙은 손목을 쓰지 않고 올 리고 내리네. 보통 때는 백 스윙에서 샤프트를 세우지만, 이 경우는 세우지 않지.

공막쳐 : 그렇군. 어드레스의 자세는 사면에 대해 수직이고 스윙 궤도만 지면에 대해 수 직이라면, 왼발 오르막에선 가파른 백 스윙이 되고 왼발 내리막에선 편평해지겠지. 그러 니까 왼발 오르막에선 콕을 하지 않아도 그 사면에 대해서는 어엿한 스윙 궤도가 되는 거 라구.

홍인원 : 사면을 따라 올리고, 사면을 따라 내려가네. 임팩트 뒤도 마찬가지고. 왼발 내 리막에선 볼이 올라가기 힘들어서 퍼올리는 의식이 작용하게 되는데, 그건 최악이야. 그 리고 체중은 왼발 오르막에선 오른발 장심(掌心), 왼발 내리막에선 왼발 장심. 여기가 '체중의 중심'이네.

사면에 대해 수직으로 어드레스 할 것. 이때 잘못하기 쉬운 것이 머리 만 지면에 대해 수직 상태로 남아 버리는 것이다. 목덜미를 숙이지 말고, 항상 머리의 위치를 단단히 유지하도록 하자.

왼발 내리막에서는 양무릎도 *사면*과 *평행*으로 유지하라!

▶ 사면을 따라 클럽을 올리고 내린다. 왼발 내리막인 경우는 임팩트 뒤라도 사면을 따라 끝까지 휘둘러 간다는 것을 잊지 말도록!

▶ 볼의 위치는 한가운데면 된다. 너무 오른쪽에 두게 되면 오른손으로 조정하고 싶어진다. 또, 양무릎은 사면에 대해 어디까지나 평행으로 정렬하고 펴져 올라가지 않게 해야 한다.

▶ 사면에 대해 수직으로 선다. 그때 볼의 위치는 오른쪽으로 치우치지 않게 한다. 단, 그립 끝은 왼쪽 허벅지 위쪽을 가리키도록 정렬한다.

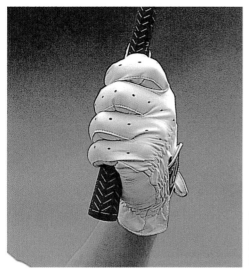

사면에 대한
스윙 궤도를 체크!

왼발 오르막인 경우, 클럽을 다소 짧게
쥐는 것이 좋다. 짧게 쥔 만큼 잘 돌아
가지 않는 허리를 헤드가 조금이나마
도와줄 수 있다.

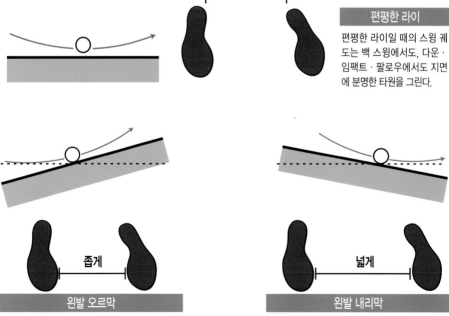

편평한 라이

편평한 라이일 때의 스윙 궤
도는 백 스윙에서도, 다운 ·
임팩트 · 팔로우에서도 지면
에 분명한 타원을 그린다.

좁게

넓게

왼발 오르막

왼발 오르막인 경우, 편평할 때와 비교하면 백 스
윙이 가파르게 올라가기 쉽다. 그런 만큼 노 콕으
로 올려야 사면에 적합한 스윙 궤도가 된다.

왼발 내리막

왼발 내리막에서는 반대로 경사진 각도만큼 편평
할 때에 비해 예각으로 올린다는 느낌으로 친다.
그래야 사면을 따라 스윙 궤도가 분명히 그려질 수
있게 된다.

페어웨이 우드로
후려치듯 때리는 요령은
볼 세 개 분 앞을 목표로 할 것

파 5……. 제1타. 오늘의 첫 나이스 샷. 그런데 거기에서 페어웨이 우드로
친 볼이 쪼르르. 흔한 이야기다.

홍인원 : 무리하게 페어웨이 우드로 2온을 노렸군. 120%의 힘으로 쳤는데 고작 세컨드 거리잖아. 힘이 무리하게 들어가서 뒤땅치기나 톱을 칠 확률이 95% 이상이네.

공막쳐 : 앗! 톱이다. 또 깜빡했네. 페어웨이 우드는 '후려치듯 때리라!' 고 했는데. 그만 날리겠다는 생각에 처넣고 말았어.

홍인원 : 이봐, 지금 자네가 한 샷은 그 어느 쪽도 아니야.

공막쳐 : 무슨 소린가?! 처넣었다니까.

홍인원 : 처넣는다는 건, 페이스를 직접 볼에 예각으로 부딪치는 거 아닌가. 나 같은 경우는 그때 볼 두 개 분 앞을 노리고 페이스가 사진 (126오른쪽 아래 참조) 처럼 거의 닫힌

상태로 들어가네. 볼 두 개분 앞에서 적정 로프트로 되돌아가는 타법이 처넣기라구. 후려칠 때는 볼 세 개분 앞이고. 그 볼 하나에 처넣기와 후려치기의 감각이 담겨 있어.

공막쳐 : 아니, 볼에 직접 부딪치는 게 아닌가? 완전히 잘못 짚었군. 그래서 톱이 난 거야?

홍인원 : 핸디 10의 역량으로 후려치는 타법을 쓴다는 건 무리지. 역시 위에서 헤드를 넣게. 왜냐면 일단 페어웨이에 편평한 라이는 없으니까. 게다가 후려치는 타법, 즉 볼 세 개분 앞에서 칠 때는 하체를 멈추고 상체로만 치기가 쉬워. 하지만 그래가지고 볼이 날겠나. 역시 위에서 넣고, 왼쪽 사이드의 벽을 만들게. 후려쳐 봐야 벽은 생기지 않는다구.

공막쳐 : 아냐, 후려치는 건 어쨌든 좋아졌다구. 처넣기가 문제지. 위에서 넣을 때는 볼 두 개 분 앞을 노린다, 그것만으로도 큰 수확이야.

홍인원 : 그래도 볼이 닿는 건 최저점일세. 그곳이 헤드 궤도이고, 또 로프트, 라이 각도의 직각 지점이네.

공막쳐 : 볼이 찌그러지진 않을까?

홍인원 : 자네야 탄도가 찌그러지겠지.

⬆ 흔히 아마추어는 페이스를 직접 볼에 부딪쳐 찌그러뜨릴 듯 치려고 하지만 그것은 잘못이다. 샤프트가 휘는 것을 계산하기 바란다.

⬆ 처넣든, 후려치듯 때리든, 헤드 궤도의 이미지를 확실히 갖지 않으면 안 된다. 즉, 최저점을 어디로 하느냐이다. 처넣는 형의 최저점은 실제의 볼보다 하나 앞. 후려칠 경우의 최저점은 실제 볼의 위치이다.

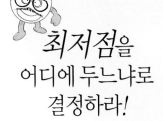

최저점을 어디에 두느냐로 결정하라!

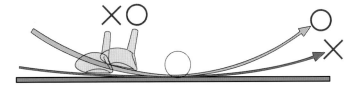

처넣는 형

볼을 직접 치는 게 아니라, 볼 두 개분 앞을!

팔로우 에서 왼쪽이 펴진다.

▶ 가파르게 헤드를 사용하려면 다운 스윙에서 오른쪽 팔꿈치의 각도가 고정되어 있어야 한다. 그 결과, 팔로우에서 왼쪽 사이드가 크게 펴진다.

처넣는다는 것은 볼 하나 반에서 두 개분 앞을 목표로 하여 페이스를 예각으로 내리고 볼 네 개분의 구역을 만드는 타법 이다.

헤드 궤도의 최저점을 어디로 하느냐에 따라 처넣는 형태인 지 아닌지가 결정된다. 직접 볼을 목표로 하지 말고, 두 개 정 도 앞에서 적정 로프트로 되돌아가는 타법이다.

후려치는 형

오른쪽 팔꿈치를 조이지 말고 볼 세 개분 앞을!

드로 계통이 되기 쉽다.

▶ 헤드 궤도의 최저점이 실제 볼의 위치와 똑같으므로, 다운과 팔로우에서의 스윙은 좌우가 균등하다.

후려치는 이미지는 볼 세 개분 앞에서 실제의 볼에 대해 최저점을 맞을 것. 구역은 좌우 균등한 길이가 된다.

후려치듯 때리면 드로 계통의 볼이 되기 쉽다. 그러므로 드로를 치는 골퍼는 후려치는 이미지로 때리는 경향이 강하다.

디버트 자리에서 치는 방법은
왼쪽 끝 · 한가운데 · 오른쪽 끝으로,
볼의 위치에 따라 다르다

메어웨이에 볼이 떨어져 있어도
디버트 자리에 들어가 있을 때가 종종 있다.

홍인원 : 그래서 아마추어들은 곧바로 6인치 플레이스를 적용하지만, 그래가지고는 백날을 쳐도 발전이 없어. 평상시 디버트 자리에서 치는 경험을 익혀두는 게 좋을 거야.

공막쳐 : 디버트 자리라 해도 볼이 들어가는 입구(어드레스했을 때 오른쪽 끝)에 있을 때와 한가운데, 출구(왼쪽 끝) 쪽에 있을 때로 나눈다면 타법도 역시 달라지나?

홍인원 : 그렇지.

공막쳐 : 그럼 많이 달라지나?

홍인원 : 물론이네. 우선 왼쪽 끝에 볼이 있을 때, 예를 들면 통로 쪽이 오픈된 200야드의 거리에서 나면 3번 아이언으로 그린을 노리려고 하겠지. 그때 결정을 하네. 우선 4번 아이언으로 바꿔 쥐는 거야. 즉, 한 클럽 낮추는 거지. 기본적으로는 디버트 자리에 볼

이 있는 경우 임팩트 로프트를 어드레스의 로프트보다 한 클럽 내리는 게 볼을 깨끗이 포획할 수 있어. 뒤땅치기를 막는 방법이지. 3번 아이언보다는 4번 아이언이 있는 힘껏 때릴 수 있는 만큼, 느슨해지지 않으니까 뒤땅을 치지 않는 걸세.

공막쳐 : 그래도 모래로 디버트 자리를 메워놓으면 뒤땅치기가 될 것 같은데.

홍인원 : 그러니까 톱 볼을 치지. 이것이 두 번째 조건인데, 그것 때문에 4번 아이언으로 바꿔 쥐네. 3번 아이언은 그린을 넘기니까.

공막쳐 : 잘 될까…….

홍인원 : 어드레스에서 오른발 안쪽에 체중을 싣게. 체중 싣는 법을 아는 데 좋은 방법은 연습장에서 오른발 바깥쪽의 스파이크 밑에 볼을 놓고 치는 건데, 이것이 뒤땅을 치지 않는 방법이야. 톱에서 오른쪽 무릎이 멋대로 흐르지 않으니까 그런 의식을 실전에서도 가져보게.

공막쳐 : 볼이 한가운데 있을 때는?

홍인원 : 4번 아이언으로 깨끗이 치게. 아니면 벙커에서처럼 약간의 뒤땅치기를 넣어도 좋고. 어드레스 때의 체중은 좌우 균등. 이것이 중요해. 오른쪽 끝에 있다면 4번 아이언으로 위에서 으스러지게 때리고. 스윙은 다 똑같네.

▶ 무리하게 볼을 올리려고 하는 스윙은 절대 금물. 앞이 벙커라 볼을 올려야 할 경우는 탁 튀어오르게 치는 것이 좋다. 위에서 으스러지게 때려라!

▶ 볼이 오른쪽 끝에 있을 때는 페이스를 닫는다. 잔디의 저항과 모래의 저항은 큰 차이가 있다. 페이스가 모래에 밀려 열리기 쉽다.

오른쪽 끝인 경우

페이스를 닫는다구?

모래의 저항으로 열리기 쉬우니까.

볼이 왼쪽 끝에 있으면
톱 볼로!

왼쪽 끝인 경우

볼이 디버트 자리의 왼쪽 끝에 있는 경우는 우선 한 클럽 낮춘다. 페이스를 약간 닫는다는 의식을 가질 것.

볼이 한가운데 있다면
뒤땅을 치듯이!

한가운데인 경우

볼이 디버트 자리의 한가운데 있을 때는 무리해서 깨끗하게 치려고 하지 말고, 클럽의 바닥판을 모래에 대는 기분으로 친다.

의식적으로는 톱 볼을 쳐나간다 생각하면 된다. 그러기 위해서는 오른발 안쪽에 체중을 싣는 어드레스가 필요하다.

오른발 안쪽에 체중을 싣지만 오른발 체중이라는 것은 아니다. 요컨대, 오른쪽 무릎이 움직이면 뒤땅을 치기 쉬우므로 오른발 안쪽에 의식을 두는 것이다. 그만큼 임팩트는 강해진다.

기본적으로는 벙커 샷과 같은 이치로 뒤땅을 치는 것도 좋지만, 임팩트를 의식하지 않고 휘둘러 뺄 생각을 한다.

뒤땅을 치게 하더라도 목적은 그렇게 해서 헤드를 먼저 보내는 데 있다. 확실하게 휘둘러 뺄 것.

그린 주변의 *벙커 샷*은
머리를 **뒤에 남긴** 채 너무 **띄우지 않도록!**

벙커 공포증. 도무지 자신이 없다는 골퍼들이 많다.
탈출하지 못하는 게 아닐까 하는 불안이 앞서기 때문이다.

홍인원 : 벙커에서 주의할 점은 머리를 너무 뒤에 남겨서도 안 되고, 너무 띄워서도 안 된다는 거야. 헤드 업을 의식해서 머리를 지나치게 남기면 미스가 나거든.

공막쳐 : 볼 2센티 뒤에 헤드를 넣겠다고 의식하면 뒤땅을 치게 되던데.

홍인원 : 그 뒤땅치기의 원인은 대개가 머리를 너무 뒤에 남겨서 그렇지.

공막쳐 : 그럼, 머리를 뒤에 남기지 않아도 된단 말인가?

홍인원 : 몸은 돌아가고 있는데, 머리만 뒤에 남으면 어찌 되겠나. 몸이 돌아가면 머리도 돌아가야지.

공막쳐 : 하지만 헤드 업도 안될 텐데.

홍인원 : 그렇지. 그 둘 다 주의해야지. 그러기 위해선 양무릎을 릴랙스시켜야 하네.

공막처 : 아니, 무릎을 릴랙스시키면 머리가 뒤에 남는 게 없어지나?

홍인원 : 몸이 회전해 갈 때 자동차에서 말하는 버팀 장치나 완충 장치 같은 유연성과 충격 흡수 역할을 양무릎이 해준다면, 머리는 자연히 돌아가게 돼 있어. 자네의 경우는 머리 (눈)로 볼을 확실히 보고 나서 스윙이나 헤드를 조작하려고 하는데, 그것과는 다르지. 스윙의 유연성은 양무릎에 있어. 그러니 회전에서 가장 무서운 건, 무릎이 경직되는 거겠지. 양무릎은 릴랙스시켜야 해!

공막처 : 양무릎에 눈이 있으면 좋겠군. 양무릎의 눈으로 볼을 본다면 머리를 너무 뒤에 남기지도 띄우지도 않을 거 아닌가.

홍인원 : 비밀 하나 가르쳐 줄까. 벙커 샷의 순서는 우선 페이스의 위치를 정하고, 다음엔 왼발 그 다음엔 오른발을 정하지. 그리고 나서 좌우의 발을 단단히 굳히는데 그때 발바닥의 장심(掌心)에 모래가 꽉 들어차도록 빈틈없이 다져놔야 하네. 절대 이 부분을 비워놓지 말게. 그게 중요하네. 이로써 발판이 잘 다져지면, 양무릎은 편안히 풀어놓게. 토대가 잘 잡혀야지, 그렇지 않으면 무릎의 릴랙스란 있을 수 없거든.

공막처 : 프로의 비법이란 게 바로 이건가.

양무릎의 릴랙스는
발바닥 장심의 모래 채우기부터

⬆ 벙커에서 토대를 굳힐 때는 그저 모래에 발을 묻기만 해서는 안 된다. 발바닥의 장심 부분에 모래가 꽉 들어차도록 좌우로 발을 놀리면서 단단히 다져야 한다.

⬅ 양발바닥의 장심에 모래가 들어차 밀착감이 느껴지면 토대가 잡히고 안정된다. 그러면 양무릎을 릴랙스할 수 있어 스윙하기 쉬워진다.

⬆ 발바닥이 모래에 완전 밀착해, 토대로서 단단히 고정되면 양무릎이 스윙 중에 땅기지 않게 된다.

⬆ 임팩트 직후부터 팔로우에 걸쳐 머리를 너무 뒤에 남기지 말고, 몸통 회전과 함께 머리를 회전시킨다.

⬅ 벙커 샷은 깎아치기라고 생각하지 않는 다. 페이스 면을 힐(헤드의 안쪽 끝)에서 토 우(바깥쪽 끝)에 걸쳐 비스듬히 빼거나, 볼 바로 밑으로 넣는다는 생각으로 치면 된다.

벙커 샷 6가지 체크 포인트

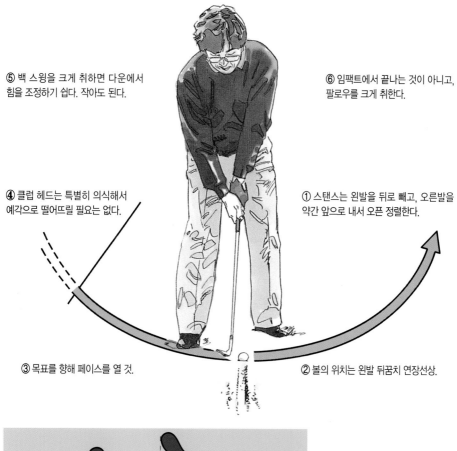

⑤ 백 스윙을 크게 취하면 다운에서 힘을 조정하기 쉽다. 작아도 된다.

⑥ 임팩트에서 끝나는 것이 아니고, 팔로우를 크게 취한다.

④ 클럽 헤드는 특별히 의식해서 예각으로 떨어뜨릴 필요는 없다.

① 스탠스는 왼발을 뒤로 빼고, 오른발을 약간 앞으로 내서 오픈 정렬한다.

③ 목표를 향해 페이스를 열 것.

② 볼의 위치는 왼발 뒤꿈치 연장선상.

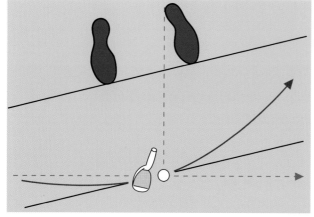

오픈 스탠스로 정렬하고, 페이스를 비구선을 향해 열 것. 여기서 착각하기 쉬운 것은 클럽의 궤도. 백 스윙에서는 비구선보다 아웃사이드, 팔로우에서는 인사이드 궤도가 된다는 점에 주의.

벙커 샷에서 *페이스를 여는 것은* 깎아치는 것이 목적은 아니다

'벙커 샷을 관념적으로 받아들이지 말고, 좀더 논리적으로 생각하면
공포감은 사라진다'고 홍인원 프로는 말한다.

공막처 : 무슨 말인가?

홍인원 : 그러니까 벙커 샷이 특별한 게 아니고, 쉽게 생각할 수 있도록 정보를 정리하는 걸세. 비구선을 옆에서 보고, 볼이 벙커의 어느 지점에 떨어져 있는지 확인한 다음 벙커의 턱 높이와 둑까지의 거리를 먼저 재는 거네.

공막처 : 재다니, 얼마나 모래를 파면 되냐를? (하하)

홍인원 : 글쎄, 그와 비슷하다고 할 수 있을까. 요컨대, 볼이 떨어진 장소가 둑에서 클럽 하나 이상되는 거리라면 페이스를 무리하게 열 필요는 없네.

공막처 : 뭐?! 벙커에서 페이스를 오픈시키지 않아도 된다고?

홍인원 : 벙커라고 해서 꼭 오픈시켜야 될 이유라도 있나? 없지, 그런 건 없다고. 단지 약간 열어놓는 게 좋다 싶은 거지. 왜냐하면 모래는 잔디와 달리, 헤드가 얼마든지 쉽게 들어가 버리잖아. 그 묻히는 정도를 조절하기 위해 열어두는 거지. 열었다고 해서 반드시 깎아 치는 게 아니고, 회전과 파묻히는 걸 늦추기 위해 약간 열어두는 것뿐이야.

공막쳐 : 클럽 하나 이상의 거리가 둑에서 떨어져 있고, 턱의 높이는?

홍인원 : 턱 높이가 클럽 하나 이내라면 무리하게 샌드웨지를 사용할 것도 없어. 피칭으로도 충분하다구. 턱이 낮고 둑과 볼 사이의 거리가 떨어져 있으면 있을수록 클럽은 어떤 것이든 가능해. 단, 거기서 주의할 점은 체중을 중앙에 놓고 그대로 발돋움 하지 말고 치라는 걸세. 그리고 페이스가 닫히지 않도록 넥부터 넣는다 생각하고 치는 게 좋아.

공막쳐 : 그러니까 마음을 열고 체중 이동은 적게, 손목은 놀리지 말고 주어진 대로 휘둘러 빼란 말이군.

홍인원 : 그렇지. 페이스가 닫히면 스윙하기 힘들어지니까 오픈시키고.

벙커에서 페이스를 여는 것은 턱 높이와 볼까지의 거리가 가까울 때. 이 거리가 동등하면 직각이라도 쉽게 탈출할 수 있다.

벙커에서는 페이스가 뒤집히기 쉽다.
조금 열자!

◀◀ 어드레스에서는 중심을 몸 한가운데 둘 것. 즉, 양발의 체중 분배를 5대 5로 하고, 체중 이동을 생각하지 않는다. 어드레스에서 만든 양무릎의 각도를 피니시까지 그대로 유지한다 생각하고 쳐나가면 된다.

◀ 톱의 위치에서는 상체가 펴져 올라가거나 오른쪽 무릎이 펴지지 않도록 주의한다. 또, 양팔에 힘주지 않도록 한다.

◀◀ 벙커에서는 임팩트에서의 저항이 강해진 만큼 페이스가 뒤집히기 쉬우므로 어드레스 때 미리 페이스를 약간 열어둘 것.

◀ 페이스가 뒤집히기 쉬우면 볼의 탄도가 낮아 둑에 맞기 쉽다. 톱이나 뒤땅치기의 원인은 무릎의 각도가 무너지는 것이 제1 요인이다. 페이스를 열더라도 아웃사이드 인의 깎아치기는 아니다.

벙커 탈출은 둑과 볼의 거리와
턱의 높이 로 결정된다!

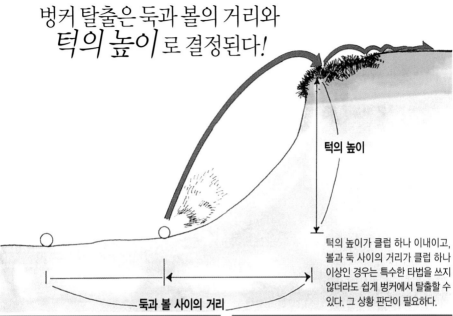

턱의 높이

둑과 볼 사이의 거리

턱의 높이가 클럽 하나 이내이고, 볼과 둑 사이의 거리가 클럽 하나 이상인 경우는 특수한 타법을 쓰지 않더라도 쉽게 벙커에서 탈출할 수 있다. 그 상황 판단이 필요하다.

상황 판단이 큰 관건이다	어드레스에서 페이스를 약간 연다

벙커 샷에서는 상황 판단이 큰 관건이 된다. 턱의 높이가 클럽 하나 이내이고 볼과 둑 사이의 거리가 클럽 하나 이상이라면 샌드웨지가 아니더라도 쉽게 빼낼 수 있다. 페이스도 많이 열 필요는 없다.

손으로만 치면 모래의 저항은 크게 느껴진다. 양팔을 느슨히 풀고 헤드의 무게를 이용해 칠 것. 그러기 위해서는 양무릎에 스윙 감각을 싣는다.

도리두리의 골프 도구 철저 연구② [클럽 편]

프로용이라는 DATA 601. 그 밖에 611, 622가 있으며, 흑색 티탄과 최고의 조화를 이룬다.

리버스라는 이름 그대로 퍼시먼 헤드를 거꾸로 한 모양. 힐과 토우의 균형이 좋다. 센터 중심.

헤드 용적 220cc의 날쌘 흑색 티탄은 프로용인가?

[우드 & 아이언]과 스윙의 궁합 ①

흑색 티탄		스윙 타입	
M37	헤드 스피드는 느리지만 날리고 싶다		DATA711
M40	훅, 드로 계통의 히터		DATA622
M43	팔 휘두르는 속도가 빠른 비거리왕		DATA611
M46	천천히 크게 휘둘러 날린다		DATA601
	본격파 하드 히터		

스윙 타입

드라이버의 헤드 용적과 그에 따른 샤프트의 균형. 아울러 헤드 자체의 모양과 특성에 따라서도 기본 성능이 변한다. 티탄 소재는 비중이 가볍기 때문에 설계가 자유로워서 헤드 모양과 성능이 다양하다.

프로 도구인 흑색·은색·적색 티탄은 그 기본 성능을 명쾌히 살렸을 뿐더러, 드라이버만 이질적으로 만들지 않고, 아이언과의 조화를 중시한 세트로 이루어져 있다.

흑색 티탄이라 불리는 프로 도구 『리버스 티탄』은 용적이 220cc로 프로용이지만, 아마추어도 충분히 사용할 수 있는 기능을 갖추고 있다.

아마추어에게
최고 인기 은색 티탄.
높은 적중률의 250cc 헤드

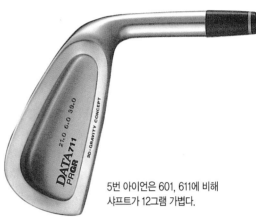

『리버스 티탄 타입 252』는 로프트 10.5도와 12도가 있으며, 총 중량은 303그램 (M-40에 45인치인 경우)

3차원 중심 설계, 즉 중심의 높이와 중심 거리 그리고 새로운 안(세로) 길이 방향의 중심 깊이를 가미한 『DATA 711』

5번 아이언은 601, 611에 비해 샤프트가 12그램 가볍다.

[우드 & 아이언]과 스윙의 궁합 ②

은색티탄		스윙 타입	
		헤드 스피드는 느리지만 날리고 싶다	
M37		드라이버는 날리고, 아이언은 정확하게	DATA725
M40		헤드를 볼에 부딪쳐 간다	DATA711
M43		슬라이스, 페이드 계통이 많다	DATA611
		천천히 크게 휘둘러 날린다	

스윙 타입

매우 쉽다라는 평판을 듣고 있는 은색 티탄 『리버스 티탄 타입 252』는 용적 250cc로, 폭넓은 스윙 스타일에 적응할 수 있는 드라이버다. 250cc는 전형적인 아마추어 골퍼에게 적당한 크기다. 지금은 다소 작은 부류에 속하는 흑색 티탄의 날카로움을 그대로 지니면서 기분좋게 휘둘러져 헤드의 관성 운동을 유감없이 발휘할 수 있다. 넓은 스윗 스팟(중심점)으로 적중률이 매우 높기 때문이다.

정렬해 보면, 샤프트의 길이와 헤드의 크기에 위압감이 없고 오랫동안 사용해도 질리지 않는다.

『DATA 725』아이언은 역시 초경량. 물론 3차원 중심 설계이다. 총 중량은 5번 아이언이 345그램. 샤프트 중량은 55그램이다. 적색 티탄과 최고의 조화를 이룬다.

어쨌든 나는 적색 티탄. 270cc의 뛰어난 제품!

로프트는 11도, 샤프트 중량은 45그램. 리버스 티탄의 디자인과 기본 성능을 부드러움으로 통일시킨 드라이버라 할 수 있다. 중심 심도 35밀리로, 높이 쳐내는 각도를 실현시켰다.

[우드 & 아이언]과 스윙의 궁합 ③

적색 티탄			
M37	드라이버는 날리고, 아이언은 정확성		DATA725
	팔 휘두르는 속도가 느리다		
M40	슬라이스가 많다		DATA711
	팔로우에서 체중이 오른발에 남는다		

스윙 타입

헤드 용적 270cc. 그 크기가 무기가 된다. 게다가 헤드는 커다란 중심 설계이고, 샤프트 중량은 45그램이라도 헤드를 젖히기 쉽게 되어 있다.

'헤드를 크게 샤프트를 가볍게'를 목표로 수많은 클럽이 설계되어 왔지만, 중요한 것은 정렬했을 때, 휘둘렀을 때의 위압감의 차이이다. 이 적색 티탄 『리버스 SD티탄』의 경우는, 그러한 위압감이 전혀 없다. 그것은 헤드 형상이 잘 빠진데다, 중량 분배가 고르고 샤프트와의 조화가 뛰어나서일 것이다. 따라서 단순히 느린 스윙을 하는 사람에게만 효과적인 것이 아니라, 좀더 폭넓은 스윙 스타일을 가진 사람에게도 무리가 없다. 총 중량 290그램은 너무 무겁지도 가볍지도 않은 적량이다.

제 5 장

어프로치. 아, 어프로치…….
연습 부족이 적나라하게 드러나는 곳이 100야드 이내에서
공략할 때이다. 기분 좋게 그린 가까이 오고서도 점차 기가 죽어
끝까지 헤어나지 못하는 것이 어프로치의 단점이다.
높이 올려 살포시 떨어뜨리는 볼.
그런 건 아예 처음부터 꿈도 꾸지 않는다는 골퍼 여러분은 우선 이 장을
잘 읽어보기 바란다. 멈추고, 굴리고, 요리 조리 어프로치의 달인으로
완전 변신을 보장한다!

자신있는 어프로치

어프로치는
샌드웨지와 퍼터 양쪽에서
접근해 가는 이미지를 만들어라

어프로치라고 하면 샌드웨지를 떠올리는 공막쳐 씨.
하지만 스코틀랜드 링크스에서는 그것이 통하지 않았다.

홍인원 : 어프로치는 퍼터와 샌드웨지(SW). 이 두 가지부터 생각하는데, 퍼터는 14개의 클럽 가운데 로프트가 가장 낮고, 샌드웨지는 가장 큰 클럽 아닌가. 그 사이에 있는 12개의 클럽도 생각해야지.

공막쳐 : 그러면 퍼터 다음은…….

홍인원 : 드라이버지. '굴리기의 원점' 은 퍼터고. 다음이 드라이버라 생각하고, 올릴 때는 샌드웨지부터 들어가게. 요컨대, 어프로치는 공중에 볼을 띄우는 구역과 굴리는 구역 양쪽을 다 계산해야지.

공막쳐 : 볼을 띄울 필요가 전혀 없다면, 그때는 굴리는 구역뿐이니까 우선 퍼터부터 들어가겠군.

홍인원 : 맞았어! 그리고 조금이라도 공중에 띄울 필요가 있을 경우에 사용한다구. 예를 들면 그린 주변에서 가장자리 바로 옆으로, 그것도 잔디가 삐죽삐죽 자라 그대로 굴리면 볼이 그 잔디 때문에 크게 영향받을 경우. 그 거리만큼 볼을 띄울 수 있는 로프트를 가진 클럽을 골라야겠지.

공막쳐 : 아~.

홍인원 : 예상한 라인 위에 치기 힘든 라이나 장애물 (벙커, 스프링쿨러 등)을 넘으면 잔디 상태가 좋아진다고 해봐. 그러면 그 거리만큼 공중에 띄우는 게 좋겠지. 그러니, 14개를 고루 다루지 못하면 손해 아닌가.

공막쳐 : 그럼 샌드웨지는?

홍인원 : 굴리는 구역이 아주 작은 최대 위기일 때 사용하지. 흔히 골프를 올리는 것만 제일로 생각해서 문제야. 공중에 띄우는 시간 (구역)이 길면 바람에 좌우되기도 쉽고 떨어뜨리는 지점도 한 곳으로 작다구. 굴린다면 약간의 오차도 허용되고, 라인도 읽기 쉬운데 말이야. 굴리기는 임팩트의 힘 조절만으로 칠 수 있지만, 샌드웨지로 부드러운 볼을 치려면 거리에 따른 정확한 스윙 원호가 필요하네. 연습이 부족한 아마추어들에겐 힘 조절로만 칠 수 있는 타법이 적당하지.

공막쳐 : 그럼, 어떻게 해야 하나?

홍인원 : 이미지 연습은 퍼터를 샌드웨지와 함께 쥐고 퍼팅 요령으로 스크로크하면, 로프트가 크게 신경쓰이지 않을 걸세.

퍼터 감각으로 *샌드웨지*를 다루자!

◀ ◀ 샌드웨지라 해도 때린다는 의식은 필요없다. 오히려 퍼팅처럼 스트로크해 가는 것이 필요하다. 퍼터와 샌드웨지 두 개를 함께 쥐고 스트로크 연습을 하자.

◀ 정렬하고 나서 샌드웨지의 로프트를 보면 자꾸 때리고 싶어진다. 그러나 퍼팅 스트로크처럼 치면, 기분 좋을 만큼 라인을 따라 볼이 나간다.

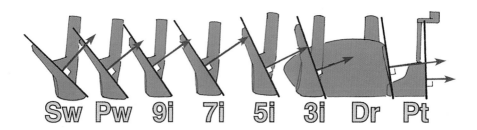

Sw Pw 9i 7i 5i 3i Dr Pt

⬆ 14개의 클럽 중에 로프트가 제일 작은 클럽이 퍼터다. 이것이 가장 굴리기 쉽다. 다음으로 드라이버. 로프트의 정도만큼 볼이 뜬다. 마지막이 샌드웨지. 어프로치의 이미지를 구성하는 것은 얼마 만큼 띄우는 구역이 있고, 얼마 만큼 굴리는 구역이 있는가의 줄다리기이다.

⬅ 퍼터와 샌드웨지. 이 양극단의 로프트가 어프로치의 기본이다. 공중에 띄우는 구역의 최대한이 샌드웨지. 굴리는 구역의 최대한이 퍼터라는 클럽이다.

나쁜 라이의 거리만큼 올라가는 로프트가 기본이다!

다음에 그린 가장자리에서 핀까지의 거리를 생각한다. 볼의 기세를 강하게 주고 싶지 않을 때는 7번, 8번 아이언……으로 로프트를 크게 높여 나간다. 물론 타법은 퍼터와 같은 감각이면 된다.

공중 구역과 굴리는 구역.
그 밀고 당김이 클럽 선택의 기준이다!

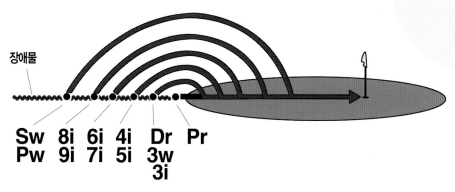

장애물

Sw	8i	6i	4i	Dr	Pr
Pw	9i	7i	5i	3w	
				3i	

여기까지가 볼을 띄우고 싶은 구역

볼을 띄우고 싶은 구역이 어디까지인가. 그에 따라 사용하는 클럽 번호(로프트)가 달라진다. 홍인원 프로의 경우, 클럽 하나분의 거리라면 5번 아이언이 기본.

방향 중시 어프로치는
오른손의 *약지와 새끼*, 거리 중시는
오른손의 *엄지와 검지*가 열쇠다

"오른손 그립법만 가지고도 '방향'과 '거리' 어느 한 쪽을 중시한
어프로치를 할 수 있다"고 홍인원 프로는 말했다.

공막쳐 : 손가락을 어떻게 사용하나(그립의 강도)?

홍인원 : 음~. 어프로치에서 '방향을 중시하는' 경우는 오른손의 약지와 새끼, 이 두 손가락을 임팩트 때 비구선에 맞추는 느낌을 가지면 돼. 우선 어드레스 때의 오른손 손목의 각도를 그대로 유지하고 스윙하게. 이미지상으로는 톱에서 만든 오른손 손목의 각도를 팔로우까지 그대로 가져가는 거야. 중요한 건 오른손의 두 손가락, 약지와 새끼인데 절대 늦추지 말게. 이것이 방향을 중시하는 경우야. 어프로치 스윙의 배꼽 같은 곳이지.

공막쳐 : 배꼽이 이 두 손가락에 있나?

홍인원 : 그래. '거리를 중시하는 (공략하는)' 경우는 반대로 오른손의 엄지와 검지인데, 이것으로 거리감을 내는 거야. 그러니까 볼을 올린다든가, 굴린다고 할 때는 이 오른손 엄지와 검지가 중요하단 말이지.

공막처 : 우선, 방향 중시의 어프로치를 해보세.

홍인원 : 연습할 때는 과감히 이 두 손가락(오른손 약지와 새끼)만 사용하고, 다른 세 손가락 (오른손 엄지와 검지, 중지)은 그립에서 떼고 쳐도 돼. 거리는 나지 않아도 방향은 잡을 수 있을 테니까.

공막처 : (2~3타를 치고) 역시 이 몸의 볼은 아직도 방황중인가 봐. (하하)

홍인원 : 연습법으로는 방향을 중시할 경우, 클럽은 다소 길게 잡는 것이 좋아. 반대로 거리 중시일 때는 짧게 쥐고. 연습이든 실전이든, 두 마리 토끼를 쫓다보면 결과가 좋을 수만은 없지. 우선 순위를 정하는 게 나을 거야. 클럽의 길이로 우선 순위를 정하게. 그저 붙이고 싶다, 붙이고 싶어 한다고 볼이 핀에 가 붙진 않을 테니까.

공막처 : 머리로 정리 정돈을 해라 이 말씀인가?

홍인원 : 그렇지. 결국 어프로치는 거리와 방향의 정확성에 달린 거 아닌가. 그렇다면 우리가 주로 쓰는 오른손에 100% 정확도가 있겠지. 왼손은 어디까지나 비구선으로 헤드가 움직이는 걸 받쳐주는 안내역이고, 오른손으로 감이나 거리 · 방향을 취하는 거야.

"어프로치에서는 상황에 따라 거리 우선이냐 방향 우선이냐를 판단하고 나서 타법을 결정해야 한다"
(홍인원 프로)

방향 중시인 경우

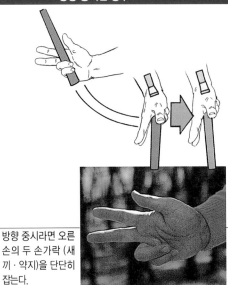

방향 중시라면 오른손의 두 손가락 (새끼·약지)을 단단히 잡는다.

이 위치에서 오른손의 두 손가락(새끼·약지)을 비구선에 맞추어 간다. 오른손 손목의 각도를 그대로 유지하고, 팔로우로 실어나를 것.

거리 중시인 경우

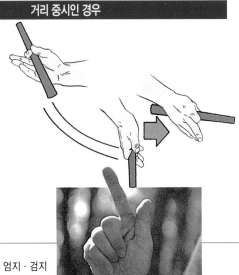

오른손 엄지·검지는 내리누르는 근육. 즉 거리 중시이다.

오른손만의 어프로치 연습은 효과가 크다. 거리 중시 연습이라면 오른손의 엄지·인지를 단단히 의식하고 잡는다. 두 손가락으로 쥐어도 된다.

임팩트에서 끝나는 스윙이 아니라, 이 위치에서 몸 회전과 함께 오른손의 두 손가락 (새끼·약지)으로 내리밀어 주는 이미지이다.

팔로우에서는 왼팔(겨드랑이)이 많이 열려서는 안 된다. 그 것을 막기 위해서는 몸 회전이 수반되어야 한다. 어깨를 릴 랙스시키자.

거리 중시인 경우는 임팩트에서도 그립보다 헤드를 빨리 움직인다. 위의 사진과 비교해도 알 수 있지만 헤드의 움직 임이 더 크다.

팔로우에서도 오른손 엄지·검지의 그립을 늦추지 말 것. 그렇게 하면 몸의 작은 움직임에 비해 헤드의 움직임은 커 질 것이다.

두둥실 떠오르는 **부드러운 볼**로 **어프로치** 하려면, 페이스를 여는 비결만으로는 부족하다

그린 주변에서 어프로치할 때 퍼터는 엄청난 무기가 된다.
하지만 샌드웨지(SW)를 사용하지 않을 수 없는 예측 불가능한
사태도 있는 것이다.

공막쳐 : 역시, 저렇게 둥실 떠오르는 볼이 참 좋군.

홍인원 : 이거, 10년은 지나야 하는데. 그래도 가르쳐 줄까? 우선 비구선에 대해 스탠스는 45도. 페이스의 리딩엣지(날끝)는 핀을 향해 정렬하게. 백 스윙은 비구선에 대해 밖으로, 즉 스탠스 라인을 따라 직각으로 올려야 해.

공막쳐 : 그쯤이야 이 몸도 알고 계시다네. 허나, 현실은 그렇지가 않으니 ······.

홍인원 : 아직 두 가지 중요한 포인트가 더 있어. 우선 어드레스에서는 헤드의 끝으로 정렬하게(볼을 토우 쪽에 둔다). 그리고 그립 끝은 왼쪽 허벅지 위쪽을 가리키게 하고. 이게 너무 힘들면 핸드퍼스트가 돼서 실패하니까, 어디까지나 허벅지 위쪽을 목표로······이게 어드레스를 제대로 하는 비결이지.

공막쳐 : 그리고 다음은?

홍인원 : 이번에는 다운 스윙에서 임팩트로 접어들 때 왼쪽 무릎의 움직임인데, 임팩트에서 왼쪽 무릎은 푹 가라앉히게.

공막쳐 : 가라앉혀?

홍인원 : 왜 그러냐면, 무릎이 펴지면 강한 볼이 나버리거든. 사실은 지면을 길게 따라간 헤드의 움직임을 만들기 위해 어드레스 때의 무릎 높이로 치는 건데, 거리가 짧을수록 아마추어들은 머리를 들게 된단 말이야. 자연히 헤드 업은 왼쪽 무릎을 펴지게 하고. 그리되면 헤드는 지면에서 떨어져 가기밖에 더 하겠나. 그러니까 왼쪽 무릎을 가라앉히는 기분으로 정확히 어드레스 때의 무릎 높이를 유지하라는 거야. 무릎을 가라앉히면 클럽 바닥판의 바운스를 잘 쓸 수 있고, 헤드 위로 길게 볼이 가 그 위세가 죽으니까 부드럽고 높은 탄도의 볼이 되는 거지.

공막쳐 : 처넣는 게 아니었군.

홍인원 : 처넣다니, 바닥판을 잔디에 미끄러뜨리는 거야. 샌드웨지는 바운스가 있어서 지면에 꽂히지 않아. 그걸 이용하라구.

임팩트에서 왼쪽 무릎을 가라앉히는 느낌

◀◀ ◀ 스윙 중에는 클럽 바닥판의 바운스를 의식한다. 처넣는 것이 아니라, 바운스를 이용해 바닥판을 잔디에 미끄러뜨리는 이미지가 중요하다.

◀ 임팩트에서 왼쪽 무릎이 뻣대고 있으면 볼의 위세가 너무 강해져 버린다. 무릎을 가라앉힘으로써 헤드의 회전이 억제되어 부드러운 볼이 되는 것이다.

⬆ 그립 끝은 왼쪽 허벅지 위쪽으로 향한다. 이때, 너무 핸드 퍼스트가 되지 않도록 충분히 주의할 것.

⬆ 스탠스는 비구선에 대해 45도 열고 정렬한다. 단, 양어깨의 선은 비구선과 평행이 되며, 열리지 않게 하는 것이 중요한 포인트이다.

토우 쪽에 볼을 놓자

➡ 리딩엣지는 비구선을 향한다. 그리고 볼을 놓는 위치는 중심을 벗어나 토우 쪽으로 한다.

오른쪽 팔꿈치를 지나치게
구부리는 것은 금물이다!

45°

스탠스는 45도 연다. 양어깨의 선은 비구선과 평행. 볼은 토우 쪽에 놓는다. 톱에서 다운 스윙을 할 때, 오른쪽 팔꿈치를 너무 구부려 넣지 않는다. 구부리려고 하면 헤드의 각도가 지나치게 예각이 되어 버린다. 톱에서 헤드의 자연 낙하 무게를 느끼면서 휘둘러 뺀다. 또, 인사이드로 너무 잡아당겨도 실패한다.

멈추는 볼과 굴리는 볼의 어프로치는 **왼손 그립**만으로도 가려 칠 수 있다

손잡이의 안쪽, 그립 부분의 악력 조절만큼 불투명한 것도 없다.
하지만 '그 악력(손가락의 역할·힘 조절)이 중요하지, 단순히 왼손
그립의 세 손가락을 단단히 잡는 것만으로는 충분치 않다.
그 용도에 따라 잡는 방법도 다르다'고 홍인원 프로는 말한다.
좌우 손가락의 '내리누르는 근육'과 '잡아당기는 근육'의 역할을
아는 것도 중요한 것이다.

홍인원 : 손가락에는 큰 역할이 있는데, 예를 들어 어프로치 같은 건 손가락을 어떻게 사용하느냐에 따라 전혀 달라지기도 해.

공막쳐 : 무슨 뚱딴지같은 소린가!

홍인원 : 뚱딴지 같다니. 샌드웨지로 공 구름을 좋게 하는 타법과 반대로 공 구름을 내지 않고 볼을 멈춰 가는 타법이 있는데, 그걸 다 손가락만 가지고 구분해 칠 수 있다는 걸세.

공막쳐 : 계속 그렇게 우길 건가.

홍인원 : 그래, 못 믿겠다 이거지?

공막쳐 : 그러니까…… 그게, 그럼, 어디 조금만 가르쳐 줘보겠나?

홍인원 : 우선 '공 구름을 늘리고 싶을' 때는 왼손 그립의 새끼 손가락에 힘을 주게.

공막쳐 : 그러니까 왼손 그립 중에서 새끼 손가락만 가장 세게 잡으란 말인가?

홍인원 : 그렇지. 그리고 샌드웨지의 페이스의 홈을 사용해 '볼을 멈춰 갈' 때는 왼손 그립의 세 손가락(중지·약지·새끼)을 단단히 쥐게. 이건 볼을 멈출 때, 또는 벙커 샷이나 깎아치기를 할 때도 마찬가지야.

공막쳐 : 뭐?! 그것만 가지고도 정말 달라지겠나?

홍인원 : 그렇다니까. 잡는 힘에 따라 달라지는 구질의 변화라…… 그 이론적 설명은 훗날로 미루지!

공막쳐 : 콜럼부스의 달걀 같은 소리군.

홍인원 : '천재' 홍인원의 지혜라고 해야지. (하하) 어쨌거나 오랜 경험에서 터득한 거니까, 상당한 효과가 있을 걸세.

공막쳐 : 자네 말대로 정말 시험해 보면 헤드가 달리는 상태랄까, 페이스의 움직임에 미묘한 차이가 있을 것 같아.

홍인원 : 이건 직접 체감을 하라구.

지금까지 그립의 힘을 조절한다는 생각은 한 번도 해본 적 없는 공막쳐 씨 '이거 참 간단하고, 실전에서도 써먹기 쉽다'며 연습에 열중

스윙을 바꾸지 말고
악력으로 결정하라!

굴리고 싶거나 멈추고 싶을
때 스윙이나 클럽을 바꾸지
않고도 왼쪽 그립의 악력만
으로 구질은 변한다.

◀◀ 세 손가락을 단단히 쥐고 멈춘다. 왼손 그립의 세 손가락 (중지ㆍ약지ㆍ새끼)을 단단히 쥐면 페이스의 홈을 사용해 멈춰 가는 타법이 쉬워진다.

◀ 새끼 손가락을 단단히 쥐고 굴린다. 왼손 그립의 새끼 손가락만 단단히 쥐면, 구족이 증가하는 어프로치를 할 수 있다. 피치 앤드 런의 경우는 이것이 열쇠다.

어프로치의 비결은 오른발의 버팀력

하체를 사용한다는 말에는 단순히 움직이는 것 말고도 힘껏 버텨 체중 이동이 잘 되게 받쳐주는 의미도 담겨 있다. 또, 움직임을 적게 함으로써 끈기가 생기는 것이므로 그 역시 하체가 쓰이고 있는 셈이 된다.

40야드 전후의 어프로치로 고민하는 사람은 *스윙 궤도* 로만 감각을 파악하라

40야드 전후의 어프로치는 가장 컨트롤하기 힘들다.

홍인원 : 40야드 전후라고? 그 정도야 사실, 어프로치의 기본 중의 기본만 되어 있으면 거리감은 간단히 파악할 수 있어. 그런데 아마추어들은 어프로치를 특수한 것으로 과잉 반응을 해서 실패를 한다구. 그래서 말인데 40야드쯤 어프로치가 남으면, '그래, 기본대로만 하자' 고 생각하게.

공막쳐 : 뭐가, 어떤 게 기본인가?

홍인원 : 그럼, 시작해 볼까, 기본이 뭔지. 어프로치란 그저 '스윙 궤도' 대로 휘둘러 볼을 올리고 굴리는 거라고 생각하면 되네.

공막쳐 : 스윙 궤도?

홍인원 : 그렇지. 스윙 궤도의 폭과 헤드의 무게면 충분해. 단순하게 하면 할수록 두려움도 없어지지. 우선 백 스윙은 왼팔이 지면과 수평이 되는 곳까지 팔로우는 오른팔이 지면

과 수평이 되는 곳까지. 이런 스윙 궤도로 휘두르면 돼.

공막처 : 헤드도 수평으로 하나?

홍인원 : 아니. 이 때 주의할 점은 왼팔이 수평이 되면 샤프트를 세우는 거야. 팔로우에서도 오른팔이 수평이 됐을 때는 샤프트가 서 있어야 되고. 클럽은 지면에 대해 수직이거든.

공막처 : 수직이라니? 왜?

홍인원 : 샌드웨지라는 건 헤드가 무겁잖아. 그러니 스윙 중에 한번 헤드의 무게를 지면으로 돌려주지. 샤프트가 수직이 되면 헤드의 무게가 사라져. 그것을 다시 천천히 무게를 돌려줌으로써 관성 운동이 크게 작용해, 팔 힘 없이도 헤드를 움직이게 할 수 있는 거야. 볼은 부드럽게 날아가고.

공막처 : 그렇게 되나. 헤드의 무게를 지면에 돌렸다가 다시 되돌리고. 팔로우에서 피니시에 걸쳐 다시 한번 무게를 지면으로 돌린다. 그러니까 그런 느린 타이밍이 좋겠군.

홍인원 : 무게를 지면으로 돌렸다가, 볼로 돌리고 다시 지면에서 하늘로 돌리지. 땅에서 시작해 하늘에서 끝나는 어프로치의 우아함이여~.

공막처 : ?? 또 시작이네!

헤드의 무게를 지면으로 되돌리는 감각을 느끼려면 클럽을 가볍게 쥐고 지면에 수직으로 세워보면 잘 알 수 있다. 손가락을 떼면 클럽은 수직으로 떨어진다.

스윙 중
양무릎의 높이를
바꾸지 말라!

어드레스에서 만들어진 양 무릎의 각도는 스윙 중에 변해서는 안 된다. 이 무릎의 높이가 달라지면, 뒤땅을 치거나 톱이 되고 생크를 부르기도 한다.

양무릎의 각도가 다운 스윙에서 임팩트 그리고 팔로우에 이르는 동안 변해버리는 것은 상체 또는 왼쪽 다리가 펴져 올라가기 때문이다.

헤드의 무게로
치는 감각

⬆️ 40야드 전후의 어프로치에서는 왼팔이 지면과 수평이 되고 클럽이 지면과 수직이 된 지점이 톱이다.

⬇️ 손바닥으로 헤드의 무게를 느끼며 백 스윙하다 클럽 (샤프트)을 세우면 그 순간 헤드의 무게가 사라진다. 즉, 지면으로 무게를 되돌린다. 그리고 다시 헤드의 무게를 손바닥으로 느끼면서 다운 스윙한다. 이것이 톱에서 받아치기로 가는 '계기' 가 된다. 볼은 스윙 원호와 그 무게로만 친다. 피니시에서도 클럽을 세워 무게를 없앤다.

퍼팅 라인을 읽는 기본은 거리를 둘로 나눠, 직선과 직선으로 잇는다

퍼팅은 당사자의 감성이 가장 크게 좌우하므로 가르치기 힘든 분야이다.
그렇다고 해서 3퍼트도 어쩔 수 없다는 것은 아니다.

공막처 : 파 72를 기준으로 한다면 샷이 36타, 퍼트 수가 36타. 샷이 5~60타라도 퍼트 수는 36 플러스 마이너스…….

홍인원 : 알았어, 연습하기 싫어하는 자네에게 집안에서 쉽게 할 수 있는 방법을 가르쳐 주지. 퍼터 하나와 클럽 하나를 준비하게.

먼저, 클럽을 목표선에 맞춰 평행으로 놓고 그 샤프트를 따라 볼을 놓게. 그리고 스트로크를 해봐. 이때 퍼터의 넥 부분을 샤프트에 스치도록 스트로크하면 돼. 그리고 샤프트의 안쪽(정렬했을 때 앞쪽)에 볼을 놓은 경우와 그렇지 않은 경우가 어떻게 다른지도 한 번 시도해 봤으면 좋겠는데…….

공막처 : 앞 · 뒤에 놨을 때가 다른가?

홍인원 : 다르지. 우선 헤드의 토우 쪽을 샤프트에 따라 똑바로 스트로크하려고 하면 매끄럽게 움직일 수가 없어. 넥 (샤프트의 맨 아랫부분 가장 바깥쪽)이면 헤드가 매끄럽게 움직이는데 말이야. 그리고 볼의 위치가 토우 부근과 힐 부근일 때도 볼이 전혀 다르게 구르지. 힐 부근일 때는 컵 앞에서 컵 중앙을 향해 들어가는데, 그건 회전이 죽지 않아서 그런 거야.

공막쳐 : 또 하나 궁금한 게 있는데, 라인 읽는 방법에도 기본이 있나?

홍인원 : 퍼팅 라인은 곡선을 상상해선 안돼. 그건 결과적으로 곡선을 그린 거지, 볼을 휘게 하려고 스트로크하는 건 아니니까. 기본적으론 두 개의 직선을 그리지. 즉, 두 지점에서 퍼팅하는 이미지라고 할까.

공막쳐 : 아리송한데.

홍인원 : 거리 한가운데를 끊으면 이해하기 쉬울 거야. 처음 시작할 때는 스트로크 힘이 강하니까 잔디의 영향을 별로 안 받겠지. 그러니 스트레이트로 나갈 테고. 하지만 그 출발 기세가 멈추고 타성으로 굴러갈수록 잔디의 저항을 받기 때문에 출발 라인과 그로부터 이어지는 라인 두 선을 고려해야 한다구.

흔히, 왼쪽 컵에서 볼 두 개분이라고 하는데, 그것은 두 번째 라인의 기점에서 왼쪽 컵의 볼 두 개분을 겨냥해 치라는 말이다. 최초의 라인은 어디까지나 두 번째 기점에 대해 똑바로 친다.

넥으로
샤프트를 비비듯이
스트로크!

이곳이
기본적인
볼의 위치

퍼팅의 기본적인 볼 위치 정하는 법.
퍼터를 자신의 시선을 따라 늘어뜨리고
그 샤프트의 맨 아래 바깥쪽(몸 쪽)이
볼 뒤와 수직으로 이어지는 곳이 최고
위치. 시선이라 해도 그립 끝이 정확히
코 끝에 닿는 부근에서 잴 것.

퍼팅 연습에서는 샤프트를 라인과 평행으로 놓고 가이드
라인을 만들어 두는 것이 좋다. 이 경우, 반드시 넥 부분에
샤프트가 닿도록 정렬하는 것이 포인트.

넥 쪽에 샤프트를 대고 스트로크 하면 매끄러운 스트로크
를 만들 수 있지만, 반대로 토우 쪽에 샤프트를 대고 스트
로크하면 헤드를 똑바로 움직이기 힘들다.

볼의 기세가 약해진 뒤의
*라인 읽기*가 중요하다!

나머지는
거리감이다!

⬆ 퍼팅 이미지로는 둘로 구분한 지점에서 각각 스트로크 하고 있는 것과 같다. 직선과 직선으로 잇는다는 것을 잊지 말도록.

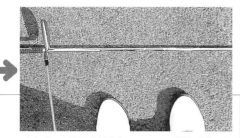

퍼터 헤드의 힐 쪽에 볼을 놓고 스트로크 했을 때가 토우 쪽에 놓고 했을 때보다 공 구름이나 뻗어나가는 정도가 크게 변하는 데 주목하기 바란다.

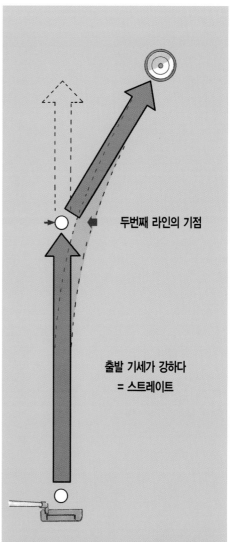

두번째 라인의 기점

출발 기세가 강하다
= 스트레이트

라인 읽기는 거리에 대해 항상 두 개의 직선을 상상한다. 출발 라인은 볼에 기세가 있으므로 강하게 굴러, 잔디결의 영향을 받지 않는다. 두 번째 라인은 타성으로 굴러갈 확률이 높으므로 그 직선이 가 닿을 곳을 계산해 간다. 즉, 거리는 하나라도 라인이 두 개라는 것을 고려해야 한다.

전국 골프 연습장

● 서울 ●

(강남구)
그린골프연습장 592-5340
도곡골프클럽 575-1703
동서울골프스쿨 547-6477
대치골프클럽 3452-3864
리버골프스쿨 547-3575
영동골프스쿨 511-6784
임페리얼골프연습장 553-2732
청담골프클럽 511-6797
한미골프스쿨 540-0708
한영골프연습장 538-1484
훼미리골프랜드 540-4350

(강동구/강서구)
그린골프 471-0707
강변골프구락부 3665-3399
유진스포렉스 477-6557
올림피아골프스쿨 470-9132
주영골프스쿨 427-8118
현대프라자골프클럽 475-4466

홀인원골프스쿨 426-3266

(구로구)
경인 684-3323
구로 856-1821
그린빌라 616-0961
신도골프랜드 677-9296
나이스골프연습장 615-1636
인골프연습장 619-5522
화성골프연습장 615-1635

(도봉구)
드림랜드 984-7772
반도골프 990-1188
반도골프연습장 998-0094
푸른동산 972-0683
한일골프스쿨 904-7771

(동대문구)
그린힐 2243-4153
장안 2244-2148
청량리골프아카데미 959-5551

한독스포렉스 926-1114
환타지아 골프스쿨 929-5422
힐스포파크 2214-5200

(동작구)
태평골프연습장 596-3200
대림스포츠센터 824-7800

(마포구)
녹산 306-4373
신흥골프 323-3123
청기와 324-7500
파인골프클럽 334-0083
36 707-0036

(서대문구)
경기골프스쿨 365-5222
연희 325-4125
홍은골프스쿨 376-1128

(서초구)
그린골프클리닉 578-2047

꽃마을골프클럽 585-5600
대봉연습장 585-2020
씨티골프 593-9867
방배골프연습장 590-4085
방배스포츠프라자 532-5921
선영골프연습장 529-0566
아라골프클리닉 544-7800
연일 587-2016
우장 586-9877
조이그린골프연습장 523-5161
코오롱스포렉스 559-8500
퍼시픽골프스쿨 525-0771
하이츠 581-2365

(성동구/광진구)
삼성실내골프장 464-1118
성수골프연습장 499-8873
에딘버그골프클럽 497-0085
우원 456-0759
워커힐 450-4760
중곡 446-2059
필드마스타 458-2125

(은평구)
불광 353-3351
서울골프랜드 375-0700
수색골프타운 302-0506
은평 386-1189

(관악구/성북구)
삼오스포렉스 871-9181
양지골프스쿨 839-7785
북악 919-4040

(송파구)
가락VIP 422-6622
금강 420-3721
남성대퍼블릭골프연습장 430-7501
대원 420-6635
덕원골프클리닉 443-4057
동주 422-3456
라이프 415-3363
삼성골프아카데미 422-9222
아놀드골프스쿨 422-0058
아산골프스쿨 425-4730

아시아골프스쿨 443-0048
잠실골프연습장 424-2431
잠실스포츠시티 425-5325
토레스골프스쿨 417-3375
토성 479-1158
88올림픽 400-5330

(양천구)
경동골프스쿨 2642-0478
나온골프스쿨 2607-0335
목동골프스쿨 2653-2880
목동골프타운 2605-5966
신월골프클럽 2607-0335
에벤에셀골프스쿨 2644-5536
우성골프스쿨 2654-9500
청학골프연습장 2644-8821

(영등포구)
골드 2631-2479
그린야드골프스쿨 782-3338
당산 675-1712
목동레저스포츠타운 2635-1024

서울시티클럽 781-9606
세븐스파박스 676-0330
여의도 2633-8853

(용산구)
남산골프클럽 795-1988
남태정 795-4320
서빙고 798-0828
청화 797-0952
캐피탈 792-3322
한남 790-7441
한강청탑 794-6758
효창 715-0022

(중구)
뉴서울골프스쿨 319-8158
동아골프 773-7431
라이프 2265-0039
서소문 753-1717
타워 2236-2121
풍전호텔골프연습장 2266-2151
필동골프연습장 2263-0151

● **경기도** ●

경남가든골프클럽 (0331)255-2089
고양골프연습장 (0344)977-6205
과천 (02)504-2233
관악 (0343)72-0032
광교골프연습 (0331)254-9933
구리시골프연습장 (0346)553-8080
군포 (0343)52-0099
그랜드스포츠라자 (0331)39-9962
그린골프랜드 (0344)965-0407
그린골프연습장 (032)674-2277
그린골프클럽 (0342)719-0101
근원골프연습장 (0336)33-3977
남서울골프연습장 (0342)709-6035
남인천골프스쿨 (032)865-1155
뉴코아타운 (032)761-4271
뉴타운골프연습장 (0344)977-4111
능곡실내골프연습장 (0344)972-3345
대아 (0347)764-6011
대원골프클럽 (0342)719-0050
덕양골프연습장 (0344)978-7272
동성 (032)593-1331

동원골프클럽 (0331)294-4448

명동골프연습장 (0342)718-3970

백마골프연습장 (0344)901-2342

부림종합골프타운 (0342)48-9330

부천골프연습장 (032)577-1010

분당종합골프클럽 (0342)719-2204

산본골프연습장 (0343)52-2585

산본그린골프연습장 (0343)94-8400

송도골프클럽 (032)633-0500

수원 (0331)37-4700

수원랜드 (0331)216-8888

수지골프연습장 (0331)262-7979

스마일골프연습장 (032)677-0730

스포츠시티 (0351)878-3636

신갈 (0331)281-3000

신정 (0342)751-3412

신흥골프스쿨 (032)887-2661

안산골프스쿨 (0345)410-3388

여주골프연습장 (0337)84-5880

올림피아 (032)523-7823

의정부골프연습장 (0331)874-5979

21세기종합골프랜드 (0331)267-6363

이천골프연습장 (0336) 635-2071

일산YMCA골프연습장 (0344)902-8892

제일골프구락부 (032)427-3788

중앙골프크리닉 (0345)573-0100

G프리스골프클럽 (0344)976-8888

초원 (032)94-1050

태양 (032)675-9494

현대골프연습장 (0342)734-3246

현대그린골프연습장 (0343)98-8359

홀인원골프연습장 (032)684-5057

휘닉스실내골프장 (0331)44-4111

● **부산** ●

광안 (051)752-4400

국제(청룡동) (051)508-3704

국제(하단동) (051)207-8241

그린골프타운 (051)512-7170

금강 (051)552-8091

대동골프연습장 (051)634-7777

대연골프프라자 (051)625-8701

동강골프연습장 (051)632-0707

동광 (051)623-4448

동대구 (051)751-0771

동래 (051)528-6588

동부산프라자 (051)7474-111

두류산 (051)622-7888

럭키 (051)556-0046

비원 (051)313-5454

사직 (051)503-1177

삼성스포렉스 (051)529-9893

선경 (051)513-4004

선경골프빌리지 (051)518-0211

선영골프빌리지 (051)518-0211

신세계프라자 (051)744-0600

이글 (051)264-6378

자유 (051)202-3515

티샷골프연습장 (051)247-2412

남산골프장 (0551)742-2323

대원골프연습장 (0554)445-8988

덕진 (0652)252-1100

우진 (062)34-5046

삼호 (062)34-222-6201

설악 (0392)31-2337

순천 (0561)52-2426

신양파크 (062)27-0671

이리 (0653)52-2281

전주 (0652)831-1155

천안골프클럽 (0417)555-9500

청주월드 (0431)69-3501

푸른농원 (0417)566-0175

● 충청/호남 ●

광양백운 (0667)763-8301

그린골프클럽 (042)882-5211

계룡골프연습장 (042)551-0667

● 경북/경남 ●

가든 (0562)2-9001

가야 (0543)954-6262

개나리 (0551)66-2960

경원 (0523)84-1196

경주보문 (0561)745-6789

경주조선 CC내 (0561)40-8414

구미인골프스쿨 (0546)456-5481
그린골프연습장 (0561)745-6789
금강 (0527)53-5922
김해 (0525)25-4534
낙원골프스쿨 (0546)52-5900
대성 (0571)52-9720
동서 (0523)388-2197
동해 (0562)72-2646
명성 (0562)75-1324
부곡 (0559)36-6084
서광골프랜드 (0551)89-6010
성산 (0544)933-1441
성화 (0553)44-8878
신기 (0559)521-1395
이천 (0547)30-3022
안동 (0571)858-7733
영주 (0572)636-9775
영천화룡연습장 (0563)331-8118
왜관 (0545)971-5997
우현 (0562)42-1177
중앙 (0546)456-2244
창원 (0551)87-0707

초원 (0553)43-5735
촉석골프 (0591)53-6966
포항연습장 (0562)72-8200
효자 (0562)70-9729

● 대구 ●

대원 (053)741-0640
강북골프연습장 (053) 325-2800
경산 (053)811-9055
경월 (053)743-3012
공원 (053)654-5212
광장 (053)556-5411
그린 (053)754-7070
그린골프연습장 (053)584-6100
뉴타운골프스쿨 (053)552-1563
성서프라자 (053)581-6961
송림스포츠프라자 (053)312-6000
수성 (053)763-7311
신세계연습장 (053)741-0221
영산골프연습장 (053)356-5122
유성 (053)552-2001

유성프라자 (053)753-0022
장원 (053)752-5700
전원골프연습장 (053)812-6757
제일골프연습장 (053)631-6775
지산골프연습장 (053)783-2113
청기와 (053)955-1661
팔공 (053)957-1941
프린스골프스쿨 (053)655-0909
황제 (053)585-0707